读故事，学执行

王崑池◎口述

陈建甫◎编整

总主编◎刘德海

人文社会科学通识文丛

南京大学出版社

图书在版编目(CIP)数据

读故事，学执行 / 王崑池口述；陈建甫整理. ——
南京 : 南京大学出版社,2015.2
(人文社会科学通识文丛)
ISBN 978-7-305-14773-9

Ⅰ. ①读… Ⅱ. ①王… ②陈… Ⅲ. ①管理学—青少
年读物 Ⅳ. ①C93-49

中国版本图书馆 CIP 数据核字(2015)第 035978 号

出版发行　南京大学出版社
社　　址　南京市汉口路 22 号　　　　邮　编　210093
出 版 人　金鑫荣
丛 书 名　人文社会科学通识文丛
总 主 编　刘德海
副总主编　汪兴国　徐之顺
书　　名　读故事,学执行
著　　者　王崑池 口述　陈建甫 整理
责任编辑　刘 红　王其平　　　　　编辑热线　025-83686029
责任校对　钱 辛

照　　排　南京南琳图文制作有限公司
印　　刷　扬州市江扬印务有限公司
开　　本　787×960　1/16　印张 12　字数 150 千字
版　　次　2015 年 2 月第 1 版　2015 年 2 月第 1 次印刷
ISBN 978-7-305-14773-9
定　　价　28.00 元

网址：http://www.njupco.com
官方微博：http://weibo.com/njupco
官方微信号：njupress
销售咨询热线：(025) 83594756

没有执行力，什么都是空谈

张邱春

执行力，是当前管理学论的黑洞。

我们常常把各家各派著名的管理学说和观念挂在嘴上，投注莫大的心力去学习、精进，这些都将表现在企业或组织的各项政策和计划之中。但是，做了许多评估分析之后，近乎完美的计划或政策出炉，却在施行后开始变调，甚至完全失去当初的评估价值。

是什么因素造成的？

执行力。

我曾经听过一个故事。

某企业面临经营困境，心急如焚的董事会已经撤换了两位执行长，虽然他们一开始拟定、推行的各项策略确实让状况明显改善，可是不到两年的时间，公司又出现了同样的经营难题，直到第三位执行长接任，才让这些问题得到真正改善。

有人问新执行长，为什么他能解决之前两位执行长都无法解决的难题？新执行长说："论及创新、远见和策略管理的质量，我远远不及前两位执行长，我现在也只是照着他们之前拟定的策略、计划去做而已。之所以会和他们有不同的结果，应该是我能切实落实这些计划和策略，并且追踪他们一直忽略的细节部分。"

对照这本书的内容，你一定能有所启发。执行力，的确不是什么创新管理，不过它却是我们一直忽略的一项事实。如果没有执行力，就算有再好的策略和人才，都是空谈！

用人要看执行力

林茂廷

身为一个领导者,选拔合适的人到恰当的岗位,除了以是否具备执行力为标准外,还要锻炼员工的执行力。其中,有三个问题最关键。

首先,领导者要让员工喜欢做事,用各种方法提升员工的积极性;其次,要让员工会做事,持续地提升人员的基本能力和专业能力;最后,领导者要订立纪律,企业的纪律明确,员工工作就能进退有序,而不会自乱阵脚。

如何通过训练提升执行力,也是最困难和最讲究艺术性的一部分。

工作目标就在那里,目的明确,那么,该如何完成工作?

最重要的是未雨绸缪。

对企业营运中可能出现的重大问题,要提早做准备,及早提出解决方案,企业这条船,到了桥头不会自然直,只会自然沉。将企业的问题稳定而平滑地解决,企业的损失就能降到最低。

在企业具体营运的过程中,要学会均衡,循序渐进。在企业内部、外部各自不断平衡的过程中,最终完成所有目标,这样才能及时发现与规避可能出现的问题,并及时调整不恰当的部分,达成最终目标。

《读故事,学执行》的作者王昆池先生从业二十多年,有相当丰富的企业运作经验,对企业的实际运行情况有着完整且成熟的认识,也正因为他对执行力的理解与分析源自相当程度的实作经验,也使本书更有可读性。

无法执行，一切都是空谈

王崑池

一间大房子中住着一群老鼠，它们的生活不惬意，因为房子的主人养了一只狡猾强壮的猫，总是找它们的麻烦。为了解决这个问题，老鼠们开会商议。一只年轻的老鼠想到一个妙招，"在猫的脖子上挂一个铃铛，不就能警告我们了吗?"全体老鼠欢声雷动，"这个主意太好了!"一只年长的老鼠站起来说:"那么，该由谁来挂这个铃铛呢?"全体老鼠顿时哑口无言。

这则寓言故事告诉我们:无论多么前瞻的决定，多么出色的战略，多么严谨的规划，如果缺少严格高效的执行力，最终都是纸上谈兵。

现实生活中也确实如此。

总有一些人在提建议或出主意时口若悬河，头头是道，可是一到执行，就捉襟见肘，再好的规划也都成了镜花水月。之所以出现这种情况，归根究底，是因为缺乏执行力。

什么是执行力? 执行力就是贯彻战略意图，完成预定目标的操作能力。对个人而言，执行力就是把目标落实到行动，把行动变成结果的能力;对团队而言，执行力就是战斗力和竞争力，是把组织战略目标转化为效益的关键。

不管我们踩在什么高跷之上，没有自己的脚是不行的。

法国谚语告诉我们，如果不去执行，谁也不能肯定事情是否会照计划那样完成。有些人或企业之所以被淘汰出局，并不是没有具体目标和长远战略，而是缺乏脚踏实地的执行力。

好的思想靠行动，好的概念靠运作，好的制度靠实施。

一个人没有执行力就会一事无成，一个企业没有执行力就会失去竞争力。只有具备高效执行力的个人或团队，才能在激烈的竞争中站稳脚跟，才能在成功的道路上走得更远。

既然执行力如此重要，该如何快速提高执行力，就成了个人或企业急需解决的问题。尤其是对企业来说，执行力渗透在企业的战略、目标、文化等各方面，是企业管理成败的绝对关键。

一个企业的成功，两成在策略，八成在执行。

执行力是所有公司获得成功的共同秘诀。

松下幸之助和吉姆·柯林，都用自己的话告诉我们，执行力在企业管理中占据着举足轻重的地位。

这本书，是帮助个人和企业提升执行力的宝典。

制定目标和计划、提高行动力和解决问题的能力、时间管理、细节掌控、沟通技巧、团队合作、执行理念，总共八大方面，教你一步一步看清执行力的本质，并用执行力来促进你的事业进步，人生发展。

一个个相关的故事，以幽默的语言，深入浅出地分析并阐述提升个人执行力和构建企业执行力的基本思路与方法，通俗易懂，实用性强，实在是居家旅行、战力提升的必备良书。请相信一件事情：当你翻阅这本书时也就是现在，你的执行力就已经开始提升了。你的理想，必将化为行动；你的行动，必将化为成果；你人生和事业的每一阶段、每一环节，必将切实执行，达到完美。

目　录

没有执行力，什么都是空谈（推荐序）/ i

用人要看执行力（推荐序）/ i

无法执行，一切都是空谈（作者序）/ i

1　目标和计划是执行的行动指南 / 001

　① 十七岁就要当导演的史蒂芬·斯皮尔伯格——制定清晰的目标 / 003

　② 马拉松冠军的秘诀——成功就是很多小目标的实现 / 006

　③ 小锅不能煮大鱼——目标需要不断提升 / 010

　④ 大器晚成的商人——计划你的工作，执行你的计划 / 014

　⑤ 登山不能一蹴而就——制定计划要尊重客观规律 / 017

2　行动力和执行力是孪生兄弟 / 021

　① 穷和尚与富和尚——只想不做，等于空想 / 023

　② 两只雄鸡——任何行动都需要充分的准备 / 026

　③ 三天试用期——是积极行动还是被动待命？ / 030

　④ 陀螺和表针——忙，但不要瞎忙 / 033

　⑤ 匆匆忙忙的艾伦——给事情排定优先次序 / 036

　⑥ 土拨鼠去哪了——持续专注就是最好的执行力 / 039

　⑦ 收易藏不易——做事要有条理 / 042

3　解决问题的能力决定执行力 / 045

　① 把最胖的科学家丢出去——看清问题的本质 / 047

　② 印广告的硬纸板——独立思考、积极思考 / 051

③ 餐馆的黑名单——要小聪明的人难有大执行力 / 055

④ 中士站哨——认真是最彻底的一种执行 / 058

⑤ 只有你有爷爷吗？——学习前辈经验 / 061

⑥ 笨拙的瓦拉赫——将精力用在优势上 / 065

⑦ 小野卖麻布——死板是执行力的死敌 / 068

4 时间管理是提高执行力的关键 / 073

① 扔进山谷的箱子——善用时间等于延长生命 / 075

② 富兰克林涨价——重视时间的价值 / 079

③ 用半生清理一张桌子——简化办公桌就是节省工作时间 / 082

④ 三百六十五个"明天"——今天的事今天做完 / 085

⑤ 小张的星期一上午——自律的强大力量 / 088

⑥ 扛空枪的猎人——早一步走向成功 / 092

⑦ 比尔盖茨和科莱特——所有的条件都成熟，需要永远等下去 / 095

5 注重细节令执行更到位 / 099

① 这不是尿疗法——细节决定成败 / 101

② 一个球的区别——细节的差距，就是质量的差距 / 104

③ 面试的最后一关——着眼细节，重视小事 / 107

④ 千分之一的差距——天才就是注意细节的人 / 110

⑤ 每桶四元——好习惯从小事中训练 / 113

6 执行，从沟通开始 / 117

① 墨子责徒——积极沟通才有好的执行力 / 119

② 教授的裤子还能穿吗——沟通不够，事位功半 / 123

③ 智者钉钉子——沟通中的以柔克刚 / 126

④ 失败的汽车交易——用心聆听是沟通的前提 / 129

⑤ 新来的服务生——有好的理解力才有好的沟通力 / 132

7 打造超级团队执行力 / 135

① 给别人留个缺口——切忌凡事自己来 / 137

② 不拉马的士兵——不要试图滥竽充数 / 141

③ 神偷请战——让每个人都发挥一技之长 / 144

④ 拿破仑和落水男孩——适当的鞭策很重要 / 147

⑤ 长勺子吃饭——内耗是地狱，合作是天堂 / 150

8 确保有力执行的正确理念 / 155

① 空包弹风波——责任感是执行的动力 / 157

② 前无古人车尾灯——该决断时就决断 / 161

③ 每天甩手三百下——最想放弃时最不能放弃 / 165

④ 感受整个世界的声音　保持一颗热情的心 / 168

⑤ 渔夫怒斥空船——抱怨是一种无价值的行为 / 171

⑥ 巴顿将军的人才观——借口的代价无比高昂 / 174

⑦ 青蛙的攀登比赛——一味逃避只能出局 / 177

1 目标和计划是
执行的行动指南

缺乏明确目标的人,就像是转轮里的天竺鼠,看起来很努力,不断地奔跑,却永远没有终点,无法到达目的地。

① 十七岁就要当导演的史蒂芬·斯皮尔伯格——制定清晰的目标

成功等于目标,其他都是这句话的注解。

——博恩·崔西,美国商务咨询专家

读故事

在好莱坞,大导演史蒂芬·斯皮尔伯格不仅是影迷的偶像,更是美国电影的奇迹。他的"侏罗纪公园"创下电影史上全球票房最高纪录;全球十大卖座影片中,他一个人的作品就占了四部。

斯皮尔伯格对电影的钟爱与实践,从很小的时候就开始了。

十三岁那年,他用母亲送给父亲的生日礼物,一台V8,拍下他的第一部影片,家庭郊游纪录像片,并从观赏和剪辑的经验中,体会到一个导演对世界的理解与诠释。

他十七岁的时候去电影制片厂参观,那时他就暗暗立下了目标:要拍最好的电影!

第二天,史蒂芬·斯皮尔伯格穿了一套西装,提着爸爸的公文包,里面装了一块三明治,再次来到制片厂。他故意装出一副大人模样,骗过警卫进入了制片厂，找到一辆废弃的手推车，用一块塑料字母，在车门上拼出来"史蒂芬·斯皮尔伯格导演"等字样，然后利用整个夏天去结识导演和编剧们，并以导演的生活方式来要求自己，从与别人的交谈、交流中学习、观察、思考。

二十岁那年，史蒂芬·斯皮尔伯格终于成为正式的电影导演，开始了他大导演的职业生涯，三十六岁就成为世界上最成功的制片人。

学执行

美国一个研究成功学的机构，曾经长期追踪一批从哈佛大学毕业的年轻人，历时二十五年。结果发现，只有少数人很富有，另外有十分之一的人有经济保障，剩下的人情况都不太好，晚年生活拮据。这些人之所以晚年拮据，并非年轻时努力不够，而是因为没有选定清晰的目标。

刚毕业那一年，所有人的智力、学历、环境条件都相差无几，同样意气风发、踌躇满志。

他们当中：

27%的人，没有目标。

60%的人，目标模糊。

10%的人，有清晰但比较短期的目标。

3%的人，有清晰而长远的目标。

二十五年后，3%的人在二十五年之间，朝着同一个方向不懈努力，成为社会各界的成功人士，其中不乏行业领袖、社会精英。

10%的人，他们的短期目标不断地实现，成为各个领域中的专业人士，大都生活在社会的中上层。

60%的人，他们安稳地生活与工作，但都没有什么特别的成绩，几乎都生活在社会的中下层。

剩下 27％ 的人，他们的生活没有目标，过得很不如意，并且常常抱怨他人、抱怨社会、抱怨这个"不肯给他们机会"的世界。

其实，他们之间的差别仅仅在于：二十五年前，他们中的一些人知道自己接下来要做什么，而另一些人则不清楚或不很清楚。

坚定目标，是一个成功者必要的素质之一，也是成功的利器之一。没有目标，天才也只能在无所适从的迷径中徒劳无功。

🔅 小贴士

目标的制定是一门科学，需要学习和锻炼。

❖ 分析你的生活和内心需求：认真写下十条未来五年内你认为自己该做的事情，要确切，但不要因为顾虑自己做不到而有所保留和限制，要给自己的目标和理想最大的空间。

❖ 优势劣势机遇挑战分析（SWOT 分析）：分析自己的性格、环境的优势和劣势，以及职业生涯中可能会有哪些机遇、威胁和挫败。

❖ 长期和短期的目标：根据自己的需求、优势、劣势、机遇，来勾画自己长期和短期的目标。用短期目标来逐步实现长期目标。

❖ 实现目标的阻碍：写下阻碍自己完成目标的自身缺点和环境劣势。注意，不是全面分析自己所有的缺点，这些缺点必须是和你的目标相关的，它们可能是你的素质、知识、能力、创造力、财力或是行为习惯。

❖ 自我提升计划：为了实现目标，你可能会需要掌握某些新技能或新知识。注意，计划要明确，要有期限。

❖ 寻求外援：外力的协助和监督，会帮助你更有效地完成计划。

② 马拉松冠军的秘诀——成功就是很多小目标的实现

不积跬步，无以至千里。不积小流，无以成江海。

——荀子，中国思想家

读故事

1984 年，东京国际马拉松邀请赛出现了一匹黑马，名不见经传的日本选手山田本一夺得了世界冠军。赛后，当记者询问他的夺冠秘诀时，他说了一句简单却令人费解的话，"凭智慧战胜对手。"很多人认为山田本一是在故弄玄虚，谁都知道马拉松赛是体力和耐力的角逐，爆发力和速度只是其次，只有身体好又有耐力才有望夺冠，用智慧取胜，恐怕有点牵强了吧？两年后，山田本一代表日本参加意大利米兰国际马拉松邀请赛。这一次，他又获得世界冠军，记者再次请他发表感言。

"凭智慧战胜对手。"这一次记者没有在报纸上挖苦他，但对所谓的"智慧"迷惑不解。十年后，山田本一终于在自传中解开了谜底。"每次比赛之前，我都会坐车把比赛路线仔细地看一遍，并把沿途比较醒目的标志画下来，比如第一个标志是一家银行，第二个标志是一棵大树，第三个标志是一座红房子……这样一直画到赛程的终点。比赛开始之后，我向第一个目标跑，抵达之后，向第二个目标跑……我把几十公里的赛程分解成不同的小目标,逐一完成它,其实并不怎么费劲。"

学执行

在现实生活中,很多人做事之所以会半途而废,往往不是因为事情难度有多大,而是觉得与成功之间的距离还很远。

确切地说,我们不是因为会失败而放弃,而是因为没有信心导致倦怠而放弃。

在人生的旅途中,我们如果具有山田本一的智慧,也许会减少许多懊悔和惋惜。

一位 63 岁的老人决定从纽约步行到佛罗里达的迈阿密,经过长途跋涉,克服重重困难,他终于到达了目的地。

有人想知道老人靠着什么力量完成了旅程,老人回答:"走一步路是不需要勇气的。我先走了一步,接着走一步,然后再一步,就这样,我到了。"

科学家们经过精密计算,得出结论:想要飞上月球,火箭的重量至少要达到一百万吨。如此笨重的庞然大物,怎么可能飞上太空?听起来多么不可思议,因此,在很长一段时间里,航天界一致认定,火箭不可能被送上月球。直到有人提出"分段火箭"的理论,问题才变得豁然开朗。所谓的分段火箭,就是将火箭分成若干段,当第一段将其他段送出大气层时,便自行脱落以减轻重量,这样火箭的其他部分就能轻松地到达月球了。

实现目标也是如此。

光是立定远大的目标,很难获得成功。很多时候,我们感到困难不可逾越,成功不可企及,是因为目标太过远大而让人心生畏惧。

其实,任何一个大目标都可以分解成许多小目标来逐步实现。如果我们能够把目标化整为零,变成一个个容易实现的小目标,然后各个击破,就可避免产生苦求而不得的挫败感,一步一步向前走,就会有进步。

换句话说,有了人生的大目标之后,还要有中期、短期、近期的目标,否则成功依然是海市蜃楼而已。

如果成功是一座金字塔,到达目标的过程就是建造金字塔的过程,那么,一块又一块的石头,就像是一个个被细化了的目标,没有它们,金字塔就不可能矗立。不积跬步,无以至千里,理想的实现,需要努力,更需要毅力。细化目标,让自己有阶段性的成就感,你才会更有信心。每一个目标的实现,都是为了下一个更大的目标做准备。带着这样的想法,你就能勇往直前,踏踏实实地走向成功。

小贴士

细化目标的八大行动:找到设定目标的原因。个人目标,必须是自发性的,非外力强加的,找出完成目标的原因,才能说服和激励自己。

❖ 规定期限。拖延是人的劣根性之一,很多人都有程度不一的拖延症,设置时限之后,能集中注意力完成任务。

❖ 衡量实现目标需要的条件。想成为律师,就要明确知道任职资历,如此一来,才能按部就班达到其标准。

❖ 明确目标与自身素质的关系。为了完成目标,自己必须变成什么样的人?比如你的目标是成为职业经理人,你就要成为勤奋敏锐、有责任感、有决断力,秉公行事的人。

❖ 找出过往的失败原因。以前曾经设定过目标但没有实现?为什么?将所有你能找出的原因从难到易一一列出,并自问现在该如何解决这些障碍。

❖ 向自己承诺。你只是想成功，还是你一定要成功？想成功的人未必能成功，决心成功绝不放弃，才能让你真正成功。

❖ 立刻行动。从现在开始你的计划，不要拖延。

❖ 每天检查结果，衡量进度。如果每天衡量成果，一年就有三百六十五次改正错误的机会；如果每月衡量成果，一年则只有十二次改正错误的机会。改正的机会多了，成功的机会也会相应增加。

3

小锅不能煮大鱼——目标需要不断提升

成功的人生始于策划。

——克莱门特·斯通，美国联合保险公司创建者

 读故事

一个男人钓鱼技术高超，每竿必有所获，每个人都叫他高手。但男人有个奇怪的习惯，他总是把一尾又一尾的大鱼放回海里，只留下稍小的鱼。

旁边的人百思不得其解，忍不住问："高手，你为什么要放走大鱼？"男人笑着回答："我家里的锅子并不大，鱼太大会很难料理，只好扔掉大鱼了。"

学执行

在生活里，丢掉大鱼的其实大有人在。

从人生规划的角度来说，这个男人确实是个钓鱼高手，但他只会迁

就自己所拥有的,大鱼到手却无法享用。人如果认定了自己的锅只有那么大,既不会换个方法煮鱼也不换一个锅,那就永远无法吃到更大的鱼了。

你能走多远,你能达到多高,取决于你是否制定了能让自己不断提升的目标。

英国有一个残疾小伙子斯尔曼,小时候患上慢性肌肉萎缩症,走路非常困难,但他却凭着坚强的毅力,在 19 岁那年登上珠穆朗玛峰,21 岁时登上了阿尔卑斯山,22 岁登上了乞力马扎罗山……

令人意想不到的是,斯尔曼在 28 岁那年自杀了。为什么一个勇敢坚强的攀登者会自杀?原来,斯尔曼 11 岁的时候,他的父母攀登乞力马扎罗山,结果遭遇雪崩,双双遇难;父母的愿望,就是攀越世界上的所有名山,于是父母的愿望变成了遗愿,变成了斯尔曼的奋斗目标。当目标全部实现的时候,斯尔曼感到了前所未有的空虚和绝望,最后选择了自杀,他的遗书是这样说的。

"这些年来,作为一个残疾人,征服了那么多高山,那是父母给我的一种人生信念。如今,我无事可做了。"

失去了人生的目标,斯尔曼也失去了生命的意义。

潜能大师安东尼·罗宾说过一句名言:"有什么样的目标,就有什么样的人生。"

要想让自己的人生不断攀高,更加精彩,就要不断提升目标,就像台阶一样,一步比一步高,而不是到达一定的高度便止步不前。

一般来说,目标分为两种:一种是人生的大目标:你最终希望成为什么样的人,一种是中短期目标,也就是你现在应该做些什么。

人生的大目标,是个人生活的总纲,支持着个人的大半生甚至终生。

一个人确立了清晰而远大的目标,人生就会变得明朗而有意义,也不会惧怕成功前的辛劳和寂寞。以人生的大目标为前提，在人生的不同阶段，我们应该挑战不同的中短期目标，在向一个个目标挑战的过程中，我们会发现更多新的机会，攀上更高的层次。

中短期目标，一般都是些小而明确的目标，比如半年内完成财会班的课程，一年内掌握期货投资的技巧，三年内升至部门主管……当这些小目标一个接一个不断实现的时候，你就会像爬山一样，一步比一步高，一步步地走近成功。

英国前首相班杰明·迪斯雷利原本是一名作家，后来涉足政坛，决心成为英国首相。他克服重重阻碍和困难，先后当选议员、下议院主席、高等法院首席长官，一步一步不断实现自己的目标，直到成为英国首相。

人生目标的存在，是为了替前进的征途提供架构，指示方向。随着生活环境和条件的变化，目标应该不断修正和更新。

欲得其中，必求其上；欲得其上，必求上上。

不断提升横杆，一个个新的跳高世界纪录才得以诞生。人生也是如此，一个人只有不断提升自己的目标，才能不停地挖掘自身潜能，才能对事业和生活充满激情，让自己梦想成真。

既然无法肯定能不能做到最好，那就尽力让自己做得更好。只有不断提升目标并且竭力达到目标，才能逐步进行自我完善。生命的意义，不仅仅在于实现自己的人生目标，更在于不断地提升人生的目标。

小贴士

请用清晰的思维和理性的头脑，为自己的人生目标做一个计划表，也就是为自己的人生道路设置里程碑。

假设你现在是一个中阶管理人员，你五年内的个人职业发展规划是成为高阶管理人员，那么，怎么实现这个目标呢？如果以下问题你都有明确的答案，那么你肯定知道该怎样做了。

❖ 这份职位的平均教育程度、工作年资和年龄层次是？

❖ 我需要哪些特别的训练才能做好高阶管理人员该做的事情？

❖ 我该学习哪些知识为自己充电？

❖ 我需要排除哪些障碍才能让自己前途坦荡？

❖ 在目前的公司，我成为高管的可能性有多大？这里的发展空间是否比其他公司更大？

4

大器晚成的商人——计划你的工作，执行你的计划

所谓的工作效率，指的是你对工作计划得如何，而不是你工作有多努力。

——赖福林，美国知名企业董事长

 读故事

有个商人做了十几年的生意，没想到生意越来越差，他也濒临破产边缘。商人跑去找朋友诉苦："我为什么会失败呢？难道是我不努力不勤奋？还是我对顾客不热情不真诚？""也许事情没有你想的那么可怕。"朋友说："你现在应该好好盘点一下，然后重新开始。""你的意思是要我把招牌、地板、桌椅、橱柜、窗户都重新粉刷一下，重新营业？"商人有点纳闷。

"是的，你现在最需要的就是立刻执行你的计划。"朋友很坚定。"也许你是对的……事实上，有些事情我十几年前就想做了，一直没有去做。"商人喃喃自语。

后来，商人终于大获成功。

没有计划，是许多人失败的重要原因。

没有计划的人会永远被生活、工作追着走，没有计划的人在哪个领域都不可能取得成就。只有做好计划，按时执行计划，才可以提高工作效率，体验到工作的节奏感，不至于使工作像服苦役一样难受。

史蒂芬·柯维是美国的管理学大师，他提出了"六件事排序法"：每天早上把今天最重要的六件工作按重要性排序，然后依序完成——如果没有全部完成也不用太在意，如果照这个方法都无法完成六件工作，用其他办法也做不完。

美国总统罗斯福是一个注重计划的人，他经常把自己要做的事情都记下来，然后排出计划表和日程表，规定自己在某段时间内做某事——上午九点与夫人在白宫草坪上散步，一直到晚上召开晚宴招待客人，整整一天他都有事情做，到了该睡觉的时候，因为该做的事都做了，所以他能完全放下心中的一切忧虑和思考，安然入梦。

细心计划，是高效工作的秘诀，每当一项工作来临时，先计划需要多少时间，然后安插在行程表里。

很多人总是在工作中感到烦躁和疲累，真正原因并不是工作太多，而是因为没有计划。习惯毫无计划地工作的人，心里总是不停催促自己必须工作，必须工作，必须工作；反之，如果每天都有计划，那么在每分钟，你都知道要做什么事。工作有目标和计划，做事才能有条理，不会被琐事扰乱注意力，时间就会变得很充足，工作效率也极高。

如果工作只需要一个小时就能完成，你就应该在一小时之内完成它，用其余的时间去玩乐放松；如果事情太多，时间不够，你在做计划的时候，请选择从重要的做起。

有些人在工作时会厌烦、不高兴。请尽力把这些负面情绪压抑下去，克服困难，坚持工作，心态就会越来越成熟坚定，实现目标的日子也就越来越近。

立刻开始，坚持到底，严格执行计划。

人不能掌握命运，却能规划时间，计划工作。每天积累的小事情，足以影响大成就。计划好你的每一天，所有一切积累在一起，就构成了一个人的命运。把今天的事情做完！

恭喜你，你已经踏出了成功的第一步。

 小贴士

在工作中，每个人都知道计划的重要性，却有很多影响计划执行的不良习惯。改掉这些习惯！

❖ 赖床。

❖ 不按时完成各种事情。

❖ 总是说着消极性的话语。

❖ 每天的消遣娱乐超过一小时。

❖ 超过五分钟的闲聊。

养成这些习惯：

❖ 晚上计划好明天的行程。

❖ 出门前检查自己今天的行程。

❖ 每周花两个小时阅读本行业的专业杂志。

5

登山不能一蹴而就——制定计划要尊重客观规律

我抢救离出口最近的那幅画。

——贝尔纳,法国作家

读故事

捷克青年齐克和莫里酷爱登山,他们 18 岁时就一起登上欧洲第一高峰白朗峰,后来又先后登上了九座海拔超过四千米的山峰。之后,两个人决定了下一个目标:世界第一高山——珠峰。齐克发邮件给他的父亲:"作为一个登山者,没有征服珠峰,就不算成功。"父亲回信告诉他:"以你目前的实力和装备,征服珠峰的可能性非常微小,与其靠着一腔热情做希望渺茫的事,不如踏实地奔向能够实现的目标。"认真思考之后,齐克对莫里说:"也许我们应该先试着征服乞力马扎罗山,不一定非要一步登天。"他的建议遭到了莫里的拒绝,一对伙伴只好分道扬镳。此后的八年内,齐克先后征服了乞力马扎罗山、盐泉峰,在没有后援的情况下,成功登上了道拉吉里峰,他被任命为捷克国家登山队的副教练,还当上了国际登山者协会的理事。

之后的某一天，齐克听到消息：莫里在攀登珠峰时坠崖身亡。

在这八年的时间里，莫里一直在申请攀登珠峰的签证和批文，由于尼泊尔对申请者要求比较严格，莫里前后只获得了三次签证和批文，他第一次攀登到了 7 600 米，第二次攀登到 8 300 米，第三次攀登时遇难。

一个月后，齐克也踏上了攀登珠峰的征程，凭着精湛的登山技能和丰富的经验，他一步一步向上攀登，一次直达珠峰峰顶。

站在海拔 8 500 米处，齐克想到了长眠于此的莫里，心中百感交集。

 学执行

"如果罗浮宫失火了，情况紧急，只能抢救出一幅画，你会选哪一幅？"

法国一家报纸举行了一次智力竞赛，其中有这样一个题目。很多人都说要选达芬奇的传世之作《蒙娜丽莎》，结果在成千上万种回答中，著名作家贝尔纳获得该题的奖金。贝尔纳的回答是："离出口最近的那幅。"在失火的情况下，到处都是浓烟滚滚，根本无法看清哪幅画挂在哪里，冒险进去寻找你的《蒙娜丽莎》？最可能的结果是在找到画之前，你和画作一起葬身火海。离出口最近的画，虽然可能不是最有价值的，却是最容易抢救的。

人生也是如此，最佳目标不是最有价值的那个，而是最有可能实现的那个。

齐克根据自己的能力，把具体的目标分成了几个小目标，一个一个完成。他在完成小目标的过程中不断积累经验，一步一步为达成最高目标努力。

人生就像登山，要懂得取舍，选择什么、放弃什么，是一门艺术。如

果双眼只盯着最高目标，最终的结果只可能是跌入万劫不复的深渊。从最有可能实现的目标入手，一路向上，当有一天站在最高峰的时候，你会发现，一切不过是水到渠成。

1896 年，爱因斯坦考上苏黎世联邦工业大学，之后立即为自己订了一份学习计划。"我用四年的时间学习数学和物理，因为我希望自己成为自然学科中某些学科的教授，而且我喜欢抽象思维和数学思维，缺乏想象和实践能力……人总是喜欢做他有能力做的事；另外，科学工作很有独立性，这很适合我意。"

在之后的求学过程中，爱因斯坦不断修订自己的计划，使每一项工作都更符合目标的需要，比如他经过审视和分析后，果断地放弃数学，专攻物理。爱因斯坦的计划是非常科学的，他考虑了自己的优势、劣势、兴趣，对未来的期待，制定出明确又可行的目标。为什么很多人无法达成设立的目标？因为计划不够科学，不尊重客观规律。模糊的、无法到达的目标，等于没有目标。

小贴士

目标设定是有学问的，目标太低无法突破自我，目标太高则心有余而力不足。

制定目标，一定要考虑以下两个重要因素：

❖ 想做什么。人生方向，要根据环境、个人能力、兴趣等因素谨慎制定。

❖ 能做什么。想做与能做之间总是有差距的，如果差距太大，等于是无端给自己找麻烦、添痛苦。

2 行动力和执行力是孪生兄弟

上帝只拯救能够自救的人，成功也是如此。
执行力再强，却什么都不做，上帝也帮不了你。

1

穷和尚与富和尚——只想不做，等于空想

现实是此岸，理想是彼岸，中间隔着湍急的河流；行动，则是架在川上的桥梁。

——克雷洛夫，俄罗斯作家

读故事

从前有两个和尚，一个很穷，一个很富。

有一天，穷和尚对富和尚说："我想到南海去，你看怎么样？"

富和尚说："你打算怎么去？"

穷和尚说："一个水瓶，一个饭钵就足够了。"

富和尚不屑："我一直想租条船，沿着长江而下，到现在还没有做到呢。"

第二年，穷和尚从南海归来，把去过南海的事告诉了富和尚，富和尚感到非常惭愧。

学执行

每个人都有好想法，不过要想取得成功，除了心动，还必须马上行动，没有积极行动，想一万遍也是空想，白白浪费时间而已。

做一件事，只要开始行动，就等于成功了一半；不懈的行动，会产生巨大的力量。世界上最大的火车头停在铁轨上，只要在它的轮子前面塞一块三立方公分的木块，这个庞然大物就无法动弹分毫。然而，一旦火车头开动，别说小小的木块，就算是一公尺厚的钢筋混凝土墙，也会被轻而易举地撞穿。

人也是如此，行动起来，威力就会变得巨大无比，很多令人望而生畏的障碍，就能轻松突破。如果只是坐在那里浮想联翩，就好像停在铁轨上的火车头，就连一块小木头也能阻止它开动。

说一尺，不如行一寸。

无论想象如何美好，规划如何详尽，不行动，目标永远也不会成为现实。再伟大的计划都需要依托行动去实现。

世界上有太多伟大的理想因为执行不力而夭折。很多平庸的人生都是因懒惰所致。

克服懒惰的唯一办法，就是立刻行动起来，不浪费时间，不虚度人生，将自己的全部能量，投入到为成功所做的努力中。

小贴士

即使是一些生活中的小事情，也要立即行动，这很重要，因为这会使你潜移默化地养成立即行动的习惯。

❖ 对复杂任务的焦虑：将工作转化为一个个微小而简单的步骤，

不管第一步有多小多简单,立刻完成它。

❖ 害怕冒险与犯错:放弃你的完美主义,心态放松,不以成败论英雄,只凭收获看输赢。

❖ 做事没效率:你明明知道有个任务必须按时完成,为什么还把它放在那里? 给自己明确的最后期限,如果你一开始就拖延,最终期限来临时会很痛苦。

❖ 自制力差:在最明显的地方贴上四个大字:立刻行动! 它会刺激你的潜意识,进入你的脑海,敦促你不再拖延。

② 两只雉鸡——任何行动都需要充分的准备

做好准备，是成功的首要秘诀。

——亨利·福特，美国汽车大王

读故事

猎人抓了两只雉鸡，关在笼子里，一只金尾，一只红尾。

笼子很小，但金尾雉每天坚持在笼中练习飞行，把翅膀锻炼得强劲有力；红尾雉却天天吃饱喝足，无所事事，变得肥胖臃肿。

金尾雉说："咱们都是鸟，是鸟就应该学会飞行的本领啊！"

红尾雉冷笑："巴掌大的笼子，往哪飞？趁早死了这条心吧，免得白受累。"

金尾雉摇摇头，继续扇动翅膀操练，红尾雉则缩回笼子一角，舒舒服服地晒太阳。

有一天，调皮的小花猫打开了笼子。金尾雉翅膀强劲有力，一下子就冲出鸟笼，飞进了山林；红尾雉想飞却飞不动，刚钻出笼子没几步就被抓住，重新被关进了笼子里。

只有做好充分准备的人，才能在关键时刻崭露头角。命运总是随时给人们带来各种通向成功的机遇，这种机遇稍纵即逝，往往还没有被人注意到就消失了。只有少数能抓住时机的人，才能取得巨大成功。

18世纪，印刷厂大多是小作坊，作坊主往往身兼印刷工。当时美国宾州所有印制政府档案和宣传品的工作，都被安德鲁·布莱德福特垄断了。虽然布莱德福特的小印刷厂管理混乱，印刷质量不高，但合约在手，向来高枕无忧。

有一天，宾州的一位官员要在会议上宣读重要的致辞，要求布莱德福特为他印刷发言稿。与从前一样，布莱德福特马虎排版，草率印刷。

有个年轻小伙子，也是个印刷商，早就注意到这件事情了，于是他找到官员致辞函的原稿，费尽心思把版式设计得大方漂亮，又一遍遍校对印刷品上的字。最后，他把内容精确、版式美观的致辞函，送到每位政府官员手里，另外，他还给每位与会人员都发了一份，并在致辞函后面附上一小段话，感谢他们对宾州的关心。

第二年，宾州政府就和年轻小伙子签订了印刷合约，小伙子的名字叫本杰明·富兰克林。

愚者错失机会，智者善抓机会，成功者创造机会。

身为守门员，卡梅尼是西班牙足球甲级联赛的罚球大师，一度打破了持续不失球的时间纪录。对于罚球守门，卡梅尼有着独特的见解："罚球就像是决斗，是两个人之间的战斗。想战胜对手，就必须了解对手——在我走上球场之前，我就知道对方队伍中谁会主罚球，用左脚还是右脚，喜欢往左边还是右边踢球，踢半高球还是低平球。"

要做到这一点，卡梅尼付出了极大的努力，每场比赛之前，卡梅尼都要看很多录像带,尤其是对手罚球的片段。一个年轻球员,能够在高手如林的西甲联赛中,得到别人没有的、梦寐以求的发展机会,就是因为他有比别人更充分的准备。

有人一夜暴富,有人被天上的馅饼砸到脑袋;看到这样的人,很多人会感慨幸运之神不关照自己。可是,谁看到了他们在背后做的准备?在公司里,也许你常常听到类似这样的话:"某某人只是运气好才升官……要是让我升上去,我一定干得比他好……"这只是阿Q的自我安慰罢了。要知道,突如其来的机会对没有准备的人来说,根本就不是馅饼,倒有可能是陷阱。

某公司要和一家跨国企业进行一个合作案,谈判前夕,各种资料已准备就绪,日期也定了,负责谈判的经理却发生车祸,住进了医院。

谈判无法改期,公司决定让经理的助理负责这次谈判,董事长告诉助理,"经理伤势严重,如果这次谈判成功,销售经理的位置就是你的了。"

助理兴奋极了,他想,这次谈判的准备工作都已经完成了,合作方式、公司底线都已经确定,有什么困难的地方? 我终于可以坐上经理办公室里那张舒适的椅子了。啊哈哈哈哈……

结果,谈判进行到第二天,对方就中止了合作意向。

原来,虽然助理也参与了谈判的准备工作,但他不知道的是,自己没有准备的资料更多。

谈判失败,助理不但没有如愿坐上经理的位子,连原来的助理职位也丢了。对于有准备的人来说,机会是成功的催化剂;对于缺乏准备的人来说,机会则是裹着糖衣的炸弹,随时都会突然爆炸,给人致命一击。

曾经有一份真挚的感情放在我面前,我却没有珍惜,直到失去时才后悔莫及,尘世间最痛苦的事莫过于此。

《大话西游》主角至尊宝的台词，每个人都耳熟能详；遗憾的是，发生这种事情的机率仍旧那么高。其实，机会之前，人人平等；前提是：在机会到来之前，你做好了准备！

🔰 小贴士

在开始行动之前，你应该做好这些准备：

❖ 心理准备：有了心理准备，心态从容，就已经成功一半了。

❖ 资料准备：知己知彼，百战百胜，想要解决问题，就必须先了解问题。

❖ 能力准备：想出色地完成任务，必须具备一定的专业知识和技能。

❖ 人脉准备：一定会有计划外的变化，适时向人求助，有助于目标完成。

3

三天试用期——是积极行动还是被动待命？

> 有两种人绝不会成大器。一种是除非别人让他做，否则他绝不会主动做事的人；另一种则是别人要他做也做不好事情的人。
>
> ——安德鲁·卡内基，美国钢铁大王

读故事

大学毕业后，杨小姐去一家知名广告公司应征，经过笔试面试诸多环节，总算到了最后一关：实习考试。内容很简单，人力资源部的负责人，根据应聘者的不同情况，将他们分到各部门进行试用，为期三天，公司将以试用期的表现决定结果。

杨小姐和另一个人被分到企宣部。主管和他们见面后，打了招呼表示欢迎，却没有做任何具体交代，也没有分派明确的工作。

于是杨小姐开始观察同事们在做什么，默默记在心里，并向一位前辈询问部门的大致情况，以及工作的内容流程。之后，她开始主动投入工作。征得前辈的同意后，杨小姐与他一起做企划，而和杨小姐一起实习的另一个新人则在浏览网页,等着主管吩咐。

第二天,杨小姐和前辈一起完成了企划,下午则开始翻阅几本与广告企划有关的书籍杂志。她的同伴则是继续看网页玩手机,还偷偷问杨小姐:"我们到底要做什么?为什么没人理我们?"

第三天,杨小姐向企宣部主管申请独立完成一份广告企划……

试用期结束了。猜猜看两个人谁获得了这份工作?

 学执行

在现代职场中,只做老板交代的事情,永远无法取得成功;听命行事的人不会受到重视,积极主动的员工才备受青睐。在工作中,遇到要做的、该做的事,都要立刻采取行动,不要只等别人吩咐。

拿破仑·希尔读大学时,遇到了著名的钢铁大王安德鲁·卡内基。卡内基很欣赏希尔,他交给希尔一个任务:采访众多成功人士,研究他们的成功规律。

希尔接受了这项挑战,在卡内基的帮助之下,访问了五百多位成功人士,收集他们的事例,整理分析了他们的成功规律,最终得出了结论:积极是成功的基石。

乔治在加州大学数学系攻读硕士学位,有一天,他上课迟到了,进教室的时候已经差不多是下课时间,他连忙抄下黑板上的两道数学题。

当天晚上,乔治开始解这两道数学题,却发现这是有史以来最难的家庭作业。他冥思苦想,套用各种不同公式,几天之后,终于取得了突破性进展,解开了两道题,把作业交了出去。

几个星期之后,一个星期天的早上,巨大的敲门声将乔治从梦中惊醒,他打开门,吃惊地发现门外站着的竟然是他的数学教授。

"乔治! 乔治!"教授很激动,"你解出了它们!""呃……是的,我解

出来了。"乔治睡眼惺忪，"那么，教授，那天我迟到的纪录，可以取消吗?"

教授哭笑不得，解释之后，乔治才知道，原来那两道题不是作业，而是数学界两道著名的难题，许多数学家用了很多年的时间都没能解开。

如果有人事先告诉乔治，那是两道非常著名的数学难题，他还会不会尝试去解它们，甚至解开它们? 勇于向不可能的工作挑战，是打开成功大门的一个契机。很多人具备成功的潜力，却缺乏挑战的勇气，性格太过保守，只想着规避风险，却不敢主动进攻，结果终其一生碌碌无为。

不可能! 这三个字，就是消极心态的最大特征；但，积极心态的特征还是这三个字，只是多了一个标点符号。

不，可能!

怀着一颗积极进取的心；万事皆有可能。

小贴士

积极是一种人生态度，更是一种做事方法。

❖ 积极并不是否认消极因素的存在，只是懂得了不一味沉溺其中。

❖ 积极能使一个人从柔弱变坚强。

❖ 把自己想象成一个积极的人，你就真的会成为一个积极的人。

❖ 对于积极的人来说，危机就是转机。

❖ 积极能让你取得成功，也能让你保持成功。

4

陀螺和表针——忙,但不要瞎忙

> 不要太匆忙,不要被工作追着跑,不要轻率大意,不要急于表态或发表意见。
>
> ——巴尔塔沙·葛拉西安,西班牙作家、哲学家、思想家

读故事

钟表里的秒针在墙上转,陀螺在地上转。

陀螺抬头嘲笑秒针:"你每天转啊转啊转,却总是走着同一个圈,有什么意义? 你看我,想转到哪就转到哪,多潇洒!"

秒针笑了笑,说:"我转圈能够指示时间,你转来转去,意义何在呢?"

学执行

生活的忙碌紧张,工作中的压力,导致许多人产生倦怠、焦虑的情绪,甚至引发身体不适,出现溃疡、心悸、头昏、高血压等症状。心理专家指出,如果懂得时间管理,掌握工作方法,提高执行力,这些症状就可

以减轻甚至消失。

世界上没有人能控制时间，但能够管理时间的，只有自己。

所谓的时间管理，也就是自我管理。

看似忙忙碌碌最后却一事无成，甚至与目标背道而驰的人，就是自我管理做得不好的人；瞎忙，是许多效率低下的人最容易犯的错误。做事匆匆忙忙的人，往往一件事情没干完，又去做另一件事，或几件事一起干，结果哪件事都没做好。

这样的人，做事缺少计划，遇到问题缺乏思考，永远低着头做事，匆匆忙忙，却没有多少实质收获，永远让工作追着跑，把大量的时间和精力浪费在许多无用的事情上，结果工作越来越复杂，时间越来越不够用。

一群伐木工人到树林里清除矮灌木，他们走进树林，开始工作，挥汗如雨，费了好大力气清除完一片灌木林，直起腰来正准备休息一下，却猛然发现搞错了地点，旁边那片树林才是他们要清除的。

在工作中，很多人就如同这群工人，只顾埋头干活而没有抬头看路。其实，不论做什么事，完成什么任务，事先的分析和准备，都有助于你找到实现目标的最佳方案。预则立，不预则废，主动安排工作，而不是被动接受工作，才能高效率地做事。

有些人看上去很有执行力，雷厉风行，却不一定能够完成任务，甚至常常事倍功半，症结就在于没有思考。如果事先制定策略，抓住事情的关键，又怎么会忙得四脚朝天？

做工作的主人，而不是奴仆，不要一有想法就立刻去做，等发现偏差再去调整，而应该一开始就把所有事情都理清。过于忙碌，会给我们增加不必要的工作，表面上看起来有所追求，积极向上，但是仔细思索之后就会发现，其实是令自己陷入了为忙碌而忙碌的怪圈之中。

不妨问问自己，每天有多少事情是不得不勉强自己去做的？繁琐的例行公事是否让自己的生活掉进了浪费时间精力的陷阱？

总有些东西需要放下。摒弃那些多余的、占用自己大量时间和精力的东西，把时间和精力用于我们真正希望去做的事情上吧。

小贴士

❖ 不慌不忙是一种习惯。匆忙的人做所有的事情都是冒冒失失的，他们凭着直觉做事，而不是计划。

❖ 赶着把事情做完的人，事后要花更多时间完善第一次没做好的事情。如果你真的没有时间把每件事都做好、做完，就从最重要的事情开始做。

❖ 提高效率的重要法则：先做事半功倍的事。如果你想在家里办两次 Party，不妨选在星期五、六两个晚上，接连两天，这样一来，你可以一次准备两天的餐点，只需要清扫房子一次，布置一次，一次的时间，双倍的效果。

❖ 拒绝瞎忙。有些工作毫无意义，甚至只是浪费时间。每当你要在行程表上增加一项工作时，先想想看它重不重要，如果今天不做会有什么后果。如果答案是"没什么了不起的"，不妨把它延至第二天。假使这项工作一再往后延，也一直没有完成，干脆取消它吧，把时间省下来做更重要的工作。

5

匆匆忙忙的艾伦——给事情排定优先次序

以最高效率做最无用事情的人，就是最没有效率的人。

——彼得·德鲁克，管理大师

读故事

艾伦是一家公司的销售部经理。一天早上，和平常一样，他急急忙忙走进办公室，看到桌子上有一堆秘书新送来的数据，他有点头疼，但是工作需要，只好静静坐下来，哗啦哗啦地翻阅。之后，他收到了几封电子邮件，打开一看，是几个客户，又急急忙忙地一一回信。

过了一会，秘书走了进来，说："经理，有一位客人想见你。"

艾伦正为邮件心烦意乱，同时想起两个小时后要面试几个新业务员，更加烦躁，他说："让他先在会客厅等一会儿，我立刻过去。"

十分钟后，艾伦从漫无边际的邮件中抽出身来，又接到了一通电话，几乎忘了会客这件事，等到秘书再次催促他时，客人已经有点不耐烦了。

艾伦小跑着进入会客厅，客人正在来回踱步，艾伦致歉："真不好意思,太忙了,实在抽不开时间。"客人淡淡地回答:"那么我们改天再约吧。"说完就走了。

第二天,艾伦就被公司炒了鱿鱼。那位客人是有意与公司合作的大客户,艾伦的表现使客户对公司丧失了信心,取消了合作计划。

艾伦被炒鱿鱼,是因为运气不好吗?

不,以他的工作方法,即使这一次侥幸只是错过了一个无关紧要的客人,迟早有一天,他还是会因为做事方法不当而面临同样的窘境。

对于做事分不清主次的人来说,失败是注定的事。其实,艾伦并不忙,他只是没有规划,没有分清事情的轻重缓急。如果他能在工作时排定计划,按照重要性依序进行工作,就不至于给公司和自己带来那么大的损失。

低绩效管理者最常犯的错误就是,把"重要的事"与"紧迫的事"混为一谈。

在一天的日程中,最先做的应该是重要又紧急的事,接着做重要但不紧急的事,然后是紧急但不重要的事,最后才是不紧急又不重要的事。

许多人处理工作时,完全不考虑完成任务后会得到什么益处,只要时间被工作填得满满的,这些人就会很高兴。

如何区分轻重缓急?

不妨在确定每一天的事务之前,问自己三个问题。

第一个问题:哪些事是非做不可,又必须亲自做的?

第二个问题:什么事情能给我最高回报?把时间和精力集中在给自己最高回报的事情上。

第三个问题：什么事情能让我获得最大的满足感？在能给自己带来最高回报的事情中，优先处理那些能带来满足感和快乐的事情。

分清楚"重要的事"与"紧迫的事"之后，再来就是"把第一位的事放在第一位做"。每个人每天都会遇到不是最重要却很急的事，迫于事情的急迫性，只得像个消防员一样到处扑火。这些事，很可能会阻挡你实现既定目标。确定对你最重要的事情，永远把它安排在第一位，有条不紊地去实现自己的人生目标，才是成功的要义。

🔘 小贴士

提高执行力很简单，只要从小事做起。

❖ 环境净空：在开始重要的工作前，除掉所有使你分心的事。不看 Email、关手机、拔掉网络线，给自己一个心无旁骛的环境。

❖ 记录时间：设置一个定时器，给自己订下处理工作的时间。

❖ 避免干扰：如果在执行时被其他事情干扰，先把这些新信息或任务记录起来，然后继续原来的任务，避免多线工作。

❖ 记录进度：万一碰到无法避免和拖延的事情，现有任务必须中断，请把现在的任务进度记录下来，把相关资料整理好放在一边。完成那些无法拖延的任务后，把任务进度和相关资料大致浏览一次，就可以立刻开工了。

❖ 享受成果：完成任务后，不妨犒劳自己一下，上上网，但时间不要太长，然后继续下一步行动。

6

土拨鼠去哪了——持续专注就是最好的执行力

永远朝着目标前进的人,整个世界都会给他让路。

——爱默森,美国思想家、文学家

读故事

课堂上,老师说了一个故事。

"三只猎狗追赶一只土拨鼠,土拨鼠慌不择路,钻进了一个树洞。树洞只有一个出口,没多久,树洞里钻出一只兔子,兔子飞快地向前跑去,爬上一棵大树。在树上,兔子惊慌中没站稳,掉了下来,砸晕了三只猎狗。最后,兔子逃脱了。"

故事讲完后,老师问:"大家觉得这个故事有什么问题吗?"

"兔子不会爬树!"

"一只兔子不可能同时砸晕三只猎狗!"

学生们互相看了看,再找不出问题了。

老师说:"还有一个问题,你们都没有提到——土拨鼠去哪了?"

 **学执行**

在实现人生目标的过程中,我们难免会被路上的细枝末节和繁杂琐事分散精力,扰乱视线,以至中途停顿,甚至走上岔路,最终放弃了自己最初的目标。

路易斯·宾斯托克说:"人生长期考验我们的毅力,唯有那些坚持不懈的人,才能得到最大的奖赏。毅力到了一定的地步就可以移山填海,更可以从芸芸众生中筛出成功的人。"

放凸透镜在太阳底下,光的焦点很快就能点燃一张纸,这就是聚焦的作用;如果三心二意,目标不定,一下子这边,一下子那边,永远也点燃不了纸。

所以,我们应该时刻提醒自己,土拨鼠去哪了? 自己心中的目标去哪了?

意大利著名男高音歌唱家帕瓦罗蒂,年轻时就读于师范学校,毕业前,他征求父亲的意见,该当教师还是向歌唱家的方向努力。

父亲没有帮他做出选择,但他说:"如果你想同时坐两把椅子,最终只会跌到两把椅子之间的地上。你应该选定一把椅子。"

帕瓦罗蒂选择了歌唱。他忍受着一次又一次失败的痛苦,经过七年学习,终于有了第一次正式登台演出的机会,之后又用了七年时间,进入大都会歌剧院表演。

如果帕瓦罗蒂选择当教师,又梦想着做歌唱家,可能最后既不是个好教师,也成不了一位歌唱家。每个渴望成功的人,都该像帕瓦罗蒂那样果断地选定一把椅子。

相对于同时做几件事来说,聚精会神做一件事,做好的可能性就比较大;如果一会儿向东,一会儿向西,不能专一、专注、专心、专业,到头来,每个领域都只会是二流角色,弄不好还会沦入末流。成功的法则,就像阳光下的凸透镜一样:聚焦、聚焦、再聚焦!

小贴士

适时放弃是一种智慧,一个人想成功,必须审视自身内在潜力和外界环境因素。什么也不放弃,样样都想做好,往往会失去更多珍贵的东西。适当的时候,学会放弃,才有可能获得更多。

收易藏不易——做事要有条理

习惯能够成就一个人，也能够摧毁一个人。

——拿破仑·希尔，美国作家

读故事

有一位父亲，他发现自己的女儿常常乱放东西，要用的时候却很难找到。为了使女儿养成做事有条理的习惯，他想出了一个办法，对女儿说："收藏可以让人感到很快乐。"

女儿问："那我应该收藏一些什么呢？"

父亲说："什么都可以，比如你喜欢读书，就收藏各种书吧。"

女儿说："这很简单，我会开始收藏的。""'收'容易，'藏'就不容易了。"父亲说："藏，需要条理化，需要学会分门别类。"

然后，父亲介绍了国际上流行的一种藏书条理化："资料十进分类法"。

这种分类法就是把所有数据由大到小分成类、纲、项、目四个层次，每一层次以 0 到 9 为标记分成十等份，如此一来，全部资料便可分为十类、百纲、千项、万目。

在父亲的指导下,女儿学会了把自己的书分门别类地进行整理,并把经常要使用的书放在醒目的地方,把不经常读的书放在角落。这样,她很快就可以找到想要读的书。

养成了有条理收藏书籍的习惯之后,女儿开始有条理地安排自己的其他事情了,比如书包整理得非常整齐,各科课本按顺序摆放,看书的时候再也不用乱翻书包,漫无目的地寻找了。

学执行

不仅是孩子,做事有条理对成年人来说更重要。想要做事不忙乱,除了清晰的工作计划之外,还需要打理出干净整洁的工作环境。有些人被每天的工作搞得晕头转向,每一样东西都好像故意在跟他作对,需要的时候总是找不到,就是因为环境杂乱无章。

一位企业家曾谈起他的两个下属。

第一个人很性急,不管什么时候总是匆匆忙忙的样子,与他谈话不能超过五分钟,时间稍长,他就会开始看表。他领导的团队很大,但开销更大。细究原因,主要是他在工作安排上毫无秩序,做事毫无章法,结果常常搞得一团糟。他的办公桌,简直就是垃圾堆,他说自己很忙,没有时间整理东西。

另一个人恰恰相反,性格平静温和,处事镇静,在他的团队里,所有员工都寂静无声地埋头工作,各样用品也摆放得井然有序,他有条理、讲秩序的作风,影响并带动了所有人,大家做起事来都是按部就班,一派井然。

在现代职场中,很多人都没有整理办公桌的习惯,导致每天都有许多时间浪费在找东西上,合约、信函、书本、论文、单据、发票,他们总是能为自己找到好多借口,自己是多么多么忙,无暇为小事分心,或是推脱怕清理东西时，会把需要的或是有价值的东西一起丢掉。

办公桌杂乱无章，会让你觉得工作堆积如山，长久下去，再大的工作激情也会被冲淡，还会让你感到疲惫不堪，甚至影响生活品质。

整理办公桌的过程，实际上也是整理思路的过程，不论有多忙，也要养成每天下班前整理办公桌的习惯。把明天必用的、稍后再用的或不再用的档案按顺序放置，保持桌面的整洁，这会使你受益无穷，不仅赢得别人的信赖，还会拥有平和积极的工作态度，处理事务有条理，对自己充满信心。

别再让无头绪的工作弄坏你的心情了，在办公室里不浪费时间，自己心安神定，做事效率就会提高，时间就会更充裕，一切都会变得整齐有序，充满乐趣。

找东西是一件恼人的事，不用的时候总在眼前晃，用的时候翻天覆地找不到。粗心大意的人，可以试试以下方法。

❖ 将物品放在固定的地方：找一个放置钥匙、手机等小东西的地方，规定自己每天用完必须把它们放回原处，这样一来，不仅可以避免丢失，也不需要花费脑筋，凭着直觉就能拿到你要拿的东西。放置物品的地点应该合理而明确，不要选择一些难记或难拿的地方。

❖ 不要把东西藏得太隐蔽：有很多人大半辈子都在为了预防从未出现过的小偷而藏起贵重物品，东西藏得太高明，最后连自己都忘了藏在哪里。找不到的东西实际上就如同被偷走一样丢了。

❖ 清楚的标示：计算机的档案夹名称标示清楚，东西才不会丢失或混淆。

3 解决问题的能力决定执行力

执行能力强的人，不管情况多复杂，都能明确地洞察事情的要点，剔除不必要的细枝末节，进而掌控原本进退维谷的局面，归纳出简单有效的解决方法。

1

把最胖的科学家丢出去
——看清问题的本质

面对问题,最重要的就是化繁为简。

——梅格·惠特曼,易趣网总裁兼首席执行官

读故事

英国某报纸曾经举办一个有奖征答活动。

在一个因为充气不足而即将坠落的热气球上,坐着三位科学家,他们在各自的研究领域都有卓越的成就,关系到世界兴亡。

第一位是环保专家,他的研究可拯救人类因环境污染而面临灭亡的厄运。

第二位是农学专家,他可以在干旱的土地上种植粮食,免除数千万人所受的饥饿折磨。

第三位是核能专家,他能够防止全球性的核战争,使地球免于毁灭。

热气球即将坠毁,必须有一个人牺牲自己以减轻载重,保全其他两人的生命。

请问：该丢下哪一位科学家？

应答信件如雪片般飞来，最终，高额奖金的得主是一个小男孩。他的答案是：将最胖的科学家丢出去。

在工作或生活中，我们经常遇到棘手问题，有的很复杂，有的很繁琐。其实，看似环环相扣的问题并非无法解决，关键在于是否看清了问题的本质。问题越复杂，越容易把人拉进纠结的漩涡中，无法判断是非对错。

在面对问题时，我们不要被它禁锢思维，跳出来看看，就不难找出解决的方法。

很多问题本身很简单，却常常因为人们用惯性的、复杂的思维模式去思考而变得复杂。很多时候，不由自主地给问题加入太多的因素和理由，反而是让问题难以解决的最大原因。复杂的问题复杂解，无误；简单的问题复杂解，是愚蠢；至于复杂的问题简单解，则是智慧。

效能，来自于单纯。把事情化繁为简的关键是，抓住事物的症结，解决最根本的问题，才能简单地把事情处理好。

让事情保持简单，工作和生活都会轻松很多；不幸的是，大部分人都无力简单地解决问题，于是简单的问题复杂解，复杂的问题无解。听起来很荒谬，但事例不胜枚举。

复杂会扼杀效率，这是必然的。在完成一项任务时，如果处理方法太过复杂，就必须拿出额外的时间和精力，去应付毫无意义的环节。现在的社会，已经从"大鱼吃小鱼"的竞争模式，慢慢变成了"快鱼吃慢鱼"，对外界变化的反应速度，与事业发展的速度是息息相关的。所以，我们必须学会把复杂的问题简单化，如此一来，再繁复的工作也可以轻松地完成。记住,效率是从简化开始的。

"没有人能背着行李游上岸。"罗马哲学家西加尼曾经这样说过。

在旅程中,超重的行李会让你多花很多钱;某些时候,过多的行李让你付出的代价甚至不只是金钱,可能是生命。同理,太多的无用环节就是完成任务的负担,你绝对不可能像没有负担那样迅速地实现目标。更糟的是,你可能会因为这些无用环节而永远不能实现你的目标,这不仅会剥夺你的满足感和快乐,最终还会让你精神崩溃。

"每件事情都应该尽可能地简单,如果不能更简单的话。"爱因斯坦说。

我们没有必要用复杂的思维把生活变得更复杂。总是有很多头疼事和大麻烦的人注意了,把事情化繁为简的关键就是,抓住主要环节,快刀斩乱麻,使复杂的状况变得有脉络可循,进而使问题易于解决,当然,如果连主要环节都无法解决,那又是另一回事了。

狐狸想要攻击刺猬,刺猬立刻将身体缩成圆球,并将全身的尖刺指向四面八方。狐狸只好作罢,回家设计新的策略,准备下一轮的进攻。刺猬和狐狸间的战斗,每天都以某种形式发生,以同一种方式结束。英国管理学家以赛亚·伯林从这则寓言中得到启发,把人分成狐狸、刺猬两个基本类型:狐狸同时追求很多目标,把世界当作复杂的整体来看待,狐狸的思维是凌乱、扩散的,在很多层次上发展,从来没有集中成一个整体理论或统一点;刺猬则相反,把复杂的世界简化成单一而有组织性的观点、基本原则或理念,并以此发挥统率和指导作用,不管情况多么复杂,刺猬都会用同一个方式应对——缩成一团,尖刺向外。

普林斯顿大学教授马文·布莱斯勒同样指出了刺猬的威力:"能不能当一只刺猬,区别了那些产生重大影响的人和其他跟他们同样聪明的人。"

刺猬注重的是本质,而忽略其他;大部分的成功人士,在某种程度上都是刺猬，他们运用自己的刺猬风格取得成功。总之，不想把事情复杂化，就必须明确地洞察事情的要点在哪里，哪些是不必要的繁文缛节，然后果断地把它们简化。

② 印广告的硬纸板
——独立思考、积极思考

> 缺乏思考的人,错过了生活中最大的快乐;不仅如此,他也无法最大限度地发挥和展现自己的才能。
>
> ——爱迪生,美国发明家

读故事

有一次,约翰偶然发现干洗店会在烫好的衬衫里加上一张硬纸板,以防止变形,他写了几封信向厂商洽询,得知这种硬纸板的价格是每千张四美元。约翰突然有了个想法:如果在硬纸板上印广告,再以每千张一美元的低价卖给洗衣店,就可以从中赚取广告的利润。

广告推出后,约翰发现客户取回干净衬衫后,往往直接丢弃硬纸板,而不会阅读广告。

如何才能让客户观看纸板上面的广告呢? 于是,约翰在纸板的正面印上广告,反面则加进孩子的着色游戏、主妇的美味食谱等等。

这个方法立竿见影,甚至有人抱怨洗衣费用激增——因为他的太太为了收集约翰的食谱,把可以再穿一天的衬衫提前送洗。

学执行

　　美国作家拿破仑·希尔说：如果你想变富，你需要独立思考，而不是盲从他人。成功者从不墨守成规，而是积极思考，对方法和措施予以创造性的改进。惟有用智慧去做事，才会别出心裁、与众不同，取得成功。

　　头脑就是你最有用的资产，哪怕每天只花十分钟思考、研究、规划，也会有意想不到的结果出现。

　　最早完成原子核裂变实验的科学家卢瑟福，就是一个很注重思考的人，他认为思考得越多，实验的成功率才会越大。

　　有一天，已经很晚了，卢瑟福走进实验室，看见他的学生仍然在做实验，他很不高兴地问："这么晚了，你还在这做什么？"

　　学生回答说："我在工作。"

　　"那你白天在做什么？"

　　"也在工作。"学生回答。

　　卢瑟福皱了皱眉："你从早到晚工作，什么时候思考呢？"

　　汽车大王亨利·福特说："思考是世界上最艰苦的工作，所以很少人愿意从事。"很多很忙的人都是忙得没有效率，只顾着埋头苦干，不思考也不讲效率，时间花了不少，成果却不显著。

　　努力工作固然重要，但如果留出一定的时间来思索自己所做的事情，肯定会事半功倍。

　　毋庸置疑，爱迪生是人类历史上最伟大的发明家之一，他一生创造了一千项以上的发明，这些发明深深地影响了我们的生活。在大家眼里，爱迪生是天才，但他自己却把成就归功于勤于思考的习惯，他说："就像锻炼肌肉，我们一样可以锻炼和开发大脑。恰当地使用大脑，能够提高思维能力,而思维能力的锻炼,则能拓展大脑的容量,并使我们获得新的能力。"

勤于思考,能让人们开发更多的潜能。

孟子说过,心之官则思,思则得之,不思则不得也。意思是说大脑是用来思考的,思考才能获得,不思考便不能获得。很多成功人士并不见得比其他人聪明,但勤于思考,让他们变得更有能力。懒惰平庸的人往往不是不动手脚,而是不动脑,缺乏独立思考的习惯,制约了他们摆脱困境的行动。

遇到问题,透过自己的理解和思考形成独到的见解,就是独立思考。独立思考并不难,只要平时多从不同的角度看事情,发现问题,追根究底,最后做出独立判断。

所有计划、目标和成就,都是思考之后的产物。一个人的思考能力,是自己唯一能完全控制的东西,世界上有两种东西最有力量,一种是武器,另一种则是思想,而思想比武器更有力量。

思路决定出路,思考有多远,你就能走多远。强大的思考力,可以支撑起整个人生。

小贴士

以下四个方法,可以提高你的独立思考能力。

❖ 避免惯性思路。

遇到问题不要问人或者上网搜寻,自己先想想。我们不可能与世隔绝,却可以通过限制自己,来增加独立思考的时间。独立思考者从不因循守旧,他们惯于以一种新的标准来看世界。

❖ 接触不同的文化或观点。

主动寻找与自己不一致的经历,它们可能存在于外国文化、不寻常的文化或是你不赞同的书中。所谓独立思考，不是让你迅速接受某个新想法，而是让你养成废弃旧想法的习惯。

❖ 以旁观者的眼光看。

静静地站一会，任时光流逝，这会给你一片新大陆。把日常生活抛在脑后，你就能得到从另一个角度看问题的心灵自由。

❖ 学会质疑。

不要认为所有的真理都是不证自明的，尝试着质疑它们。只有当自己确信在真理的后面有逻辑和事实在支撑，真理才是你的真理。

3

餐馆的黑名单——耍小聪明的人难有大执行力

聪明反被聪明误。

——中国俗语

读故事

餐馆老板要求盘子要用水洗三遍,其中一个员工认为只洗两遍也没人知道,偶尔就会少洗个一遍。从盘子的外观上看不出什么,老板还夸他速度快,额外赏了他不少的小费。

员工很得意,忍不住向别人炫耀,终于有一天,老板发现了,就把他解雇了。员工去别的餐馆求职,却一直找不到工作,到了最后,他一报出名字,别人就摇头,说:"这里不需要你。"

员工着急了,问:"为什么不需要? 你们明明写着招聘洗碗工啊!"

"是呀,可是我们不需要你这样的洗碗工。"餐馆老板回答:"别人洗三次,你洗两次,大家都知道这件事情,谁还敢用你?"

学执行

许多人看似聪明，却总是难有大作为，就是因为在他们聪明的外表后面还拖着个枷锁，限制了他们的发展。这个枷锁，不妨叫它"小聪明"，实际上是大愚蠢——搬起石头砸自己的脚，聪明反被聪明误。

有一个猎人，他打猎的技术不怎么样，但他有一个专长：用竹笛模仿各种动物的叫声。他经常学羊叫、鹿鸣，把黄羊、梅花鹿引到眼前捕杀。

某天，猎人背着猎枪上山，用短笛学鹿鸣的声音，没想到逼真的鹿鸣声，把想吃鹿肉的山狸引来了。猎人吓了一跳，为了吓跑山狸，连忙模仿老虎的吼叫声。逼真的虎吼又招来一只饿虎，猎人惊慌失措，立即吹出棕熊的吼声，吓跑了老虎，另外一只张牙舞爪的棕熊却闻声而来。

猎人再也吹不出别的野兽叫声来吓唬棕熊了，于是棕熊扑上来，把他撕成了碎片。在竞争激烈甚至可以说残酷的现代社会，做任何事情都要凭真本事，踏踏实实地工作，耍小聪明能蒙骗几时？

爱耍小聪明的人，可能会有一时的顺遂和得意，但迟早都会吃大亏。头脑聪明，是件好事，但不正确运用聪明，只是耍小聪明，这样的人很难得到别人的信任。脚踏实地是做人必备的素质，也是实现梦想、成就事业的关键因素。只有老实做人，老实办事，让别人认为你值得信赖，才能为自己的发展奠定稳固的根基。如果时时把自己看得高人一等，处处表现得比别人聪明，很容易就会生出投机取巧之心。

即使是平凡人，只要抱着平常心，踏实肯干，水滴石穿，获得成功的机会，并不会比聪明人少到哪里去。一个人如果脚踏实地，主动学习，成功就不难。脚踏实地的人不会为自己设定不切实际的目标，也不会存有凡事碰运气的侥幸心理，而是认真走好每一步，踏实过好每一分钟，从最初的起点出发，在平凡中孕育和成就梦想。

李嘉诚说过，假如一个人不脚踏实地，我们用他就会非常小心；建造一座大厦，如果地基不打好，上面再牢固，也是要倒塌的。

《阿甘正传》这部电影堪称经典，为什么阿甘这样一个智商不高的人，却能把每一件事情做到极致？他靠的就是执著。爱耍小聪明的人大多不是执行型的人，因为他们一生都在寻求更好的解决方案，把时间和精力花在寻找快捷方式上，而没有办法像阿甘那样，把一件事做到底、做到好。

无论做什么事情，都要付出心力和耐心，想不费吹灰之力地坐收渔利，只是痴人说梦。只有埋头苦干的人，才能成就一番事业。

对自我价值有着过高的判定，就会过度自信，耍一些小聪明，产生不好的后果：

❖ 爱与别人比较，容易遭到别人的反感与厌恶。

❖ 爱卖弄或者炫耀自己的才华与能力，无知者无畏，对什么话题都夸夸其谈。

❖ 常常觉得不满足，追求别人的赞赏和肯定，并以此自鸣得意。

❖ 做事浮躁，随波逐流，不识大体，拘泥于小节。

❖ 没弄清事情原委的前提下，就进行肆意揣测和主观判断。

4

中士站哨——认真是最彻底的一种执行

世界上最可怕的两个词是认真和执著。认真的人改变自己,执著的人改变命运。

——江南春,分众传媒董事局主席

读故事

一群孩子在公园里玩游戏,大孩子对一个小孩子说:"我现在任命你做中士,在这里站哨,没有命令不能离开。"

小孩子接过玩具枪,敬礼,在公园门口的路灯下开始站哨,其他的孩子大叫着冲向想象中的敌人。

孩子们玩累了,完全忘了还有一个人在站哨,各自回家了。天色越来越黑,站哨的小男孩仍然在公园门口一动不动。

一位年轻军官经过,看到小男孩,问清楚了他站在公园门口的原因,微笑着指了指自己的肩章,说:"做得很好,中士。我是少校,你的站哨任务结束,现在解散!"

"是的,先生!"男孩敬了个礼,扛着枪回家去了。

培养认真的态度，养成认真的习惯，是每个人人生道路上最重要的必修课。任何伟大的成就，无一不是靠认真努力的工作换来的；认真是人生的引擎，能激发我们身体里蕴含的无限潜能。

认真，是一种可怕的力量，它能使一个人无往不胜。一旦把认真二字融进自己的骨髓，融进自己的血液，无论是谁都终将拥有一种令所有人都害怕的力量。

一家引擎厂聘请德国退休企业家格里希担任厂长，格里希上任后，在召开的第一个会议上就开门见山，直奔主题："如果说质量是产品的生命，那么清洁度就是气缸质量和寿命的关键。"然后，他当着所有干部的面，从会议桌上的气缸里抓出一大把铁砂。"这个气缸，是我在开会前到生产车间随机抽检的样品。在德国，气缸杂质不能高于五十毫克，而我们工厂生产的气缸，平均杂质竟然是五千毫克。请问，随手就能抓出一把铁砂的气缸，杂质怎么可能不超标？我认为这不是技术问题，而是生产者和管理者的责任心问题，是工作极不认真的结果。"

德国人向来以认真严谨著名，德国人的认真，成就了强大的日耳曼民族。虽然有时他们过于刻板，但细思之，这体现的是一种极为可贵的精神。

胡适曾经写过一个故事：《差不多先生传》。差不多先生的处世之道就是"不肯认真、不肯算账、不肯计较"，"凡事只要差不多就好了"，总而言之，就是缺少认真负责的态度，马虎了事，敷衍人生。

无论你我，人生中难免有时会当个差不多先生，只有养成认真的习惯，我们才能充分展现自己的能力，在人生中获得成功。无论什么工作，都需要严格而彻底的认真态度。很多原本有能力的人，就是因为总觉得没必要太认真，对什么事都只肯使出三分力，完成任务就好，所以总是与机遇擦肩而过，庸庸碌碌度过一生。

也有很多人认为自己的工作太简单太平凡，不过是个跳板而已，不值得太认真，也没必要花费太多精力。这样的人，总是一方面抱怨怀才不遇，一方面又马马虎虎、得过且过，随意敷衍工作。但他们从没意识到，如果没有认真的态度，机会又从何而来？马马虎虎工作，最终只会被埋没在千千万万人当中。

能力不代表成功，认真才是出路，再有能力的人也需要认真，而认真的人必然会有大能力。认真，是能力的催化剂，是所有能力中最重要的核心能力之一。

生命是一条单行道，认真的做事态度是人生的一大财富。假如能把该做的事情都做好，日积月累，平凡的人生就会变得不平凡。

一时认真并不难，难的是一世认真。

认真本身就是一种艰苦奋斗，需要持之以恒的毅力和韧性。一个人认真的程度决定了成就的高低，要想成就事业，就要把认真作为座右铭，当认真成为你的力量之后，平凡简单的事情也能做到极致，进而走向成功，迈向卓越。

付出必有回报，走遍天下都适用；与其抱怨命运，不如从当下开始，认真做事。

5

只有你有爷爷吗?——学习前辈经验

三人行,必有我师焉。

——《论语》

读故事

鲁夫是个卖草帽的商人,每天都辛苦地在街上卖帽子。

有一天,他十分疲惫,坐在一棵大树下打起盹来,醒来的时候,他的草帽全部都不见了,大树上有不少猴子,每只猴子的头上都戴着一顶鲁夫的草帽。

鲁夫很着急,后来灵机一动,想到猴子喜欢模仿人的动作,就把自己头上的草帽往地上一丢。果然,猴子也纷纷将草帽扔在地上。鲁夫高高兴兴地把所有帽子捡起来,回家之后,将这件趣事告诉了他的家人。

很多很多年后,卖草帽的鲁夫老了,鲁夫的孙子鲁邦继承了家业。有一天,鲁邦卖草帽累了,也在大树下睡觉,草帽也同样被猴群偷走了。想到鲁夫爷爷说过的故事,鲁邦就把自己的草帽扔在地上。奇怪的是,没有一只猴子模仿鲁邦，只是对着鲁邦笑个不停。

这个时候，猴王出现了，捡起鲁邦的草帽，说："你以为只有你有爷爷吗？"

 学执行

经验，是一种宝贵的无形财富，它是前人生命和智慧的累积。当然，我们不能万事都盲目依从经验，在做一件事的时候，经验可能会起到四两拨千斤的作用，但也可能已经不再适合现在的情况，不过无论如何，首先要有继承和吸收前人经验的态度。

两个盐商，一老一少，要把盐运到某地贩卖。

在一个星空灿烂的晚上，两个人在荒野露宿，老盐商将少许盐块丢进营火里，说："如果盐块噼哩啪啦，明天就是好天气；如果无声无息，就意味着风雨随时会来临。"

过了一会，盐块毫无声息，老盐商主张连夜赶路，但年轻的盐商认为老盐商以盐窥天是迷信，决定继续在原地休息。老盐商劝不动他，只好自己走了，谁知道没过多久，天气骤变，暴风疾雨呼啸而来，年轻盐商的盐也全部淋雨，损失惨重。

其实，老人的经验是有科学道理的：盐块在火中是否发出声音，与盐块中的湿度有关，当风雨欲来时，空气湿度大，盐块受潮，投入火中自然毫无声息；反之，就会发出响声。

前辈的经验如同海盐，是一种结晶，有着海的记忆。

美国有一位名叫阿瑟·华卡的著名银行家，他的成功得益于少年时的一次经历。

在一个偶然的机会，华卡见到了自己的偶像：大实业家威廉·亚斯达。华卡向亚斯达请教赚钱的秘诀，亚斯达说："只要多结交比自己更

优秀的人,就有成功的那一天。"

之后,华卡一直实践着这个基本信条,在不到五年的时间里,就如愿以偿地实现了自己的梦想,成为银行家。

成功并不是自己找上门来的,一个人要取得大成功,成就一番真正的大事业,其遭遇的挑战远远超乎围观者的想象。成功,向来历尽艰辛,用智慧和劳动克服困难,进而创造出来的,创造的过程,同时也是一个人成就自身的过程。

1930年,"成功学"作为一门学科,正式在美国提出。它的要旨就是总结前人的成功思维和经验,运用多种知识,研究成功的规律,探索成功的方法。

决心和热情,并不能取代科学的方法。人人都希望事半功倍,害怕走弯路。当然,一个人可以穷尽毕生的精力和时间,慢慢摸索成功之道,但那毕竟不是最好的方法。

成功最重要的法则之一,就是使用已被证明有效的成功方法。已被证明有效的成功方法在哪里? 在成功人士那里。

首先,向成功人士学习成功的方法,这个方法是经过实践检验的、行得通的、可操作的。

其次,直接或间接与成功者为伍,受他们的人生观、思维方法的影响而更加积极上进。

所谓学习成功者成功的方法,我们大可不必走他们曾经失败过的老路,而是要直接进入他们的经验原则中。赢家做事,总有一套自己的方式;观察他们的做事方法、时间管理、人际互动、思维模式,并运用到自己身上。

多结交优秀的人吧,向他们学习成功的经验。

优秀的人,就像一本优秀的书,不仅能成为我们的益友,还是指引我们走向成功的良师。

小贴士

　　人们失败的原因，大致可以分成两种：经验不足，或者经验过多。

　　然而，躺在经验上过日子，时时摆出一副有经验的架子，等于是开旧车走老路，迟早会被社会淘汰。

　　经验很重要，但并非所有的经验都永远可靠；采用过去的经验之前，一定要考虑是否与使用的环境匹配。

　　尽信经验，不如没有经验；拥有经验又懂得如何利用经验的人，才是真正的智者。

6

笨拙的瓦拉赫——将精力用在优势上

这个世界没有全知与全才，但每个人都有自己的才能与优势；我用的，就是他们最优秀的那部分。

——史蒂夫·乔布斯，苹果公司创办人

读故事

德国化学家奥托·瓦拉赫是诺贝尔化学奖得主，但化学并不是他最初选择的专业。

读中学时，父母为瓦拉赫选择了文科，不料才读了一个学期，老师就为瓦拉赫写下了这样的评语："瓦拉赫很用功，但过分拘泥，这样的人绝不可能在文学上有所成就。"

父母只好让瓦拉赫放弃文学，换到了美术科系。但瓦拉赫构图能力不强，又不会润色，对艺术的理解也不够，成绩在班上倒数第一，这次的评语更令人难堪："瓦拉赫是绘画艺术上的不可造就之才。"

先后很多老师认为瓦拉赫成材无望，只有化学老师有不同看法，他认为，瓦拉赫做事一丝不苟，具备做好化学试验的应有素质，建议瓦拉

赫改学化学。果然，瓦拉赫的成绩在同学中遥遥领先，变成公认的高
材生。

 学执行

　　人们都知道该发挥自己的优势，但如何对待自己的弱点，很多人有
着以下两种错误想法：

　　一，发挥自己的优势，同时补强自己的弱点；二，发挥自己的优势，
同时克服自己的弱点。其实，一个人应该将精力用在发挥自己的优势
上，而非克服弱点。一个人的弱点，是相对的，而不是绝对的；从这个角
度来说是缺点，从另外一个角度来看，则很可能是优点。垃圾是放错了
位置的宝贝，而且江山易改本性难移，一个人花在克服弱点上的时间和
精力所产生的效益，要比发挥优势的效益低得多。尽力发挥自己的优
势，才能最大化自己的价值，对于所谓的缺点、劣势、弱点，应该想办法
避免，而不是整日想着如何弥补和克服。

　　人的智慧发展是不均衡的，每个人都有着各自的优点和弱点；一旦
找到发挥自己优点的方式与环境，便有可能取得惊人的成绩。也只有
明白自身所长，才能在人生道路上找到自己的正确位置。

　　康多莉扎·赖斯，美国历史上的第二位女国务卿，一个在种族歧视
背景下长大的黑人女性，如何凭借自己的努力变成了华盛顿最有权力
的女人？

　　赖斯小时候想成为钢琴家，16岁那年，她进入丹佛大学音乐学院
学习钢琴。她钢琴确实弹得不错，然而，她在著名的阿斯本音乐节上受
到了打击，她遇到一些十岁不到的孩子们，他们只看一眼就能演奏那些
赖斯要练一年才能弹好的曲子。

　　于是，赖斯开始重新设计自己的未来，找到了自己的新目标：国际

政治,经过一番努力之后,取得了后来的成就。

钢琴家与国务卿,哪个更有价值? 这很难说,但对赖斯来说,成为国务卿与成为钢琴家,哪个更有可能,这就很容易判断了。哪条道路更适合她,哪条就是赖斯该走的道路。

梅须逊雪三分白,雪却输梅一段香。每个人或多或少都会在某方面存在缺陷,就算是伟人也是如此。如果一味刻意纠正自己的短处,只会扼杀自己本来具有的特质与专长。

管理学之父彼得·德鲁克博士认为,木桶定理只适用于团体,对于个人,发挥自己的长处比努力弥补短处更重要。美国著名的优势理论之父唐纳德·克利夫顿博士也说过类似的话:

"在成功心理学看来,判断一个人是不是成功,最主要是看他能否尽量发挥自己的优势。但,大部分人的缺点总是比优点多,而且许多缺陷是后天难以弥补的,于是当人们把精力和时间用于弥补缺点时,几乎不可能发挥优势。"

其实道理很简单:兔子去跑步,老鹰去飞翔,鱼去游泳,猴子去爬树。每个人应该知道自己想做什么,该做什么,坚持什么,放弃什么;人人都希望做一个成功的人,却很少有人真正能找对位置,发挥所长。

眼前的好位置,不一定是正确的位置;认清自己,找到最适合自己的位置,才能取得最大的成功。

 小贴士

成功人士之所以成功,不是因为他们比别人拥有更多优势,而是因为他们认识、运用和管理了自己持有的优势。无论拥有什么样的优势,只要擅于运用,就能取得成功;比起盲目学习别人的优势,了解、相信、运用自己的优势,要重要得多。

7

小野卖麻布——死板是执行力的死敌

明智的人适应世界，不明智的人则坚持要世界适应自己。

——萧伯纳，著名作家

读故事

有两个日本商人，一个叫小野，一个叫治夏。他们相约到外地做生意，于是变卖了田地和房屋，带着所有的财产上路了。

两个人抵达的第一个地方盛产麻布，治夏说："在我们的家乡，麻布的价格很高，不如我们把所有钱都用来买麻布，带回去卖，一定会有利润的。"小野同意了，两人买了很多麻布。下一个地方盛产毛皮，也正好缺少麻布，治夏说："毛皮在家乡更值钱，如果将麻布换成毛皮，利润会加倍！"

小野反对，他觉得这太麻烦了，治夏只好一个人把麻布换成毛皮，并从中小赚了一笔。

两个人继续前行，到了一个盛产药材的地方，并且当地正缺毛皮和麻布。

治夏说："药材在家乡更值钱，我打算把毛皮换成药材带回去，利润能翻三倍！"

小野依旧没有行动，治夏则把毛皮换成了药材，又小赚了一笔。

两个人最后到达了一个城市，那里盛产黄金，他们没有麻布、没有毛皮、没有药材。

治夏说："把药材和麻布换成黄金带回家乡，这辈子就不愁吃穿了！"

小野依旧抱着自己的麻布不放，再次拒绝了治夏的建议。

最后两个人返回家乡，小野卖了麻布，赚到了一笔钱；而治夏不但带回了一笔钱，还带回了大量的黄金，变成了家乡最有钱的人。

学执行

古往今来，有很多的小野，不考虑眼前的利益和长远的发展，只知道抓着手上的麻布往前走；不幸的是，踏踏实实地辛苦了一辈子，最后可能只是小赚一笔甚至什么都没有。

现实生活中，成功之门不讲情面，谁先到就给谁开门，不会因为你比别人多付出了努力和辛劳就更偏爱你。在前行的道路上，我们没有权利嘲笑那些不断前进的人，但成功不仅仅在于不懈前行，如果你走的是错误的方向，那不但让你徒劳无功，还让你与成功渐行渐远。

日本作家池田说过："权宜变通是成功的秘诀，一成不变是失败的伙伴。"

世界上没有两片完全相同的树叶，更不可能有两个一样的人。人生的路途上，每个人的情况不一样，遇到的困难也不尽相同，所以，每个人应当采取的应对办法也是不同的。

一艘航行在大海上的船，如果想要到达目的地，必须懂得见风掌舵；人生也是相同的道理，想早日成功，除了坚持到底之外，最重要的是在该转弯和变通的时候，不能僵化死板、固执己见，否则只会让自己离成功越来越远。

某地有一座金山，人们便蜂拥而至，但一条大河却把众多淘金者阻隔在金山的对岸，这些人没有办法到达，只能望金兴叹，诅咒着大河，抓狂却又无奈。

看着卡在大河前的众多淘金者，有一个人突然发现：为什么非要到金山上去淘金呢？眼前不就是一座取之不尽的金山吗？于是，他跑去砍竹子，扎竹筏，把心急如焚的淘金者一波又一波送到了大河对面的金山，并且收取些许的费用。

年复一年，许许多多的淘金者坐着竹筏过河，又坐着竹筏回来，最后，无数的淘金者中，只有划竹筏的人变成了富翁。

人生就像是淘金，但很少有人注意到眼前的金山，思维模式狭隘、单一与否是决定成败的关键。很多人习惯于自己熟悉的思维模式，但学会在适当的时候换一种思维方式，你会更有可能走向成功。

公元333年，马其顿将军亚历山大进入亚细亚的一个城市扎营。这个城市流传着一个著名的神谕：谁解开了神秘的戈耳迪之结，谁就能当亚细亚之王。数以万计的人都试过，谁也没有解开，也包括亚历山大。

后来他猛然醒悟，一剑斩开了戈耳迪之结，成为了亚细亚之王。

为什么非要到河对面的金山去淘金？为什么非要解开戈耳迪之结？所谓的另辟蹊径，也就是变通的力量。

美国心理学家卡尔·威克教授曾经做过实验：把一些蜜蜂和苍蝇同时放进平放的玻璃瓶里，瓶底对着光亮处，瓶口对着暗处，结果，蜜蜂拼命朝着光亮飞，最终力竭累死；而苍蝇在瓶中乱窜，没多久就全部溜出瓶口逃生。在充满不确定因素的环境中，有时候，我们需要的不是朝着某个方向不断执著努力,而是在随机应变中寻找求生之路;不要盲目遵循规则,而要突破甚至颠覆规则。

小贴士

变通,就是变化自己,通向成功;这是做人做事的最大诀窍之一。

❖ 审时度势,换位思考。

❖ 借助外力为我所用。

❖ 有应对变化的勇气:你不能用勇气解决问题,克服困难,但勇气能帮助你应对一切变化和困难。

❖ 有信心就能开发潜能:人的潜意识里有一种倾向,将自己想象成什么样子,你就真的会成为什么样子。

4 时间管理是提高执行力的关键

所谓时间管理学，无非就是帮助人们用最短的时间，做最多最好的事情。

拥有高效率和高执行力的人，都懂得一个重要的道理：不在无谓的事情上多浪费哪怕是一秒钟。

① 扔进山谷的箱子——善用时间等于延长生命

不能管理时间,你就什么都不能管理。

——彼得·德鲁克,美国著名管理学大师

读故事

一个银行家买下了一幢华丽的别墅,但是他发现了一件怪事:他每天回家,都会看见有个人从他的花园里扛走一个箱子,装上卡车运走。银行家几次想阻止,那人就不见了。

终于有一天,银行家忍不住,开车追了上去,最后跟着卡车停在城外一个峡谷旁边。那个人把箱子卸下来,一个一个扔进山谷,山谷里已经堆满了大小样式都差不多的箱子。

银行家走过去问那个人:"你每天都从我家扛走一个箱子,箱子里装了什么? 为什么这里有这么多箱子?"

"箱子里装的都是虚度的时间。"那个人笑了笑,说:"白白浪费的年华、虚度的日子。你曾经朝夕期盼美好的时光,但当美好时光降临,你又是怎么度过的?"

银行家打开了离他最近的箱子，一幅景象出现在他眼前：暮秋时节，林间小道上落英缤纷，银行家的太太牵着孩子慢慢走着，看起来很忧愁。

第二个箱子是一间病房，银行家生病的弟弟躺在床上，等着银行家的探访。

第三个箱子是银行家的老房子，他忠实的狗趴在门口翘首盼望，骨瘦如柴。

银行家终于忍不住哭了："先生，我想买回这三个箱子，多少钱都行。"

那人耸耸肩，说："时光一去永不回。"说完就不见了。

学执行

燕子去了，有再来的时候；杨柳枯了，有再青的时候；桃花谢了，有再开的时候；聪明的你，请告诉我，我们的日子为什么一去不复返呢？

时间没有脚步声，当人发现时，它已经走了好大一段路。没有人能延长自己的生命，但如果能善用时间，就等于增加了生命的密度，相对地将生命延长，让生命的内涵更加饱满。

人们之所以会浪费时间、消耗生命，是因为他们没有把自己当成时间的主人，没有树立重视时间的观念，也没有培养合理利用时间的习惯，而这种观念和习惯，是一个人做人、做事的根本。

一个拥有良好时间观念的人，通常是一个很会管理时间的人，而一个人能否成功，很大一部分因素，就在于能否做好时间管理。

在国外，很早就出现了时间管理学，所谓时间管理，无非是帮助人们用最短的时间，把最多的事情做到最好。

该做的事情不做，去做无关紧要的事，即使花费再多努力和时间，也只能得到很少的成果。这种人,生活中比比皆是:明知道应该尽快完成,却拖延、畏难、懒惰,或者用其他事情来填充时间。心理学上称呼这种现象为"逃避反应":当某件事情可以让我们不做自己不想做的事时,就算这件事再乏味,也会变得有趣。

如何做好时间管理?首先,你必须只做"正确的事情"。

在讨论这个问题之前,我们先来分辨一下两个词汇:效率、效果。

有效率指的是正确地完成任务的过程;有效果涵盖的范围则广得多,也重要得多。管理学是这样说的:"效率是指正确地做事,效果是指做正确的事。"如果我们做的事情是不正确的,效率再高,也不会有效果。

说起来很容易,但在复杂的生活和长期的人生规划中,效率和效果却常常使人迷茫。如何保证我们所做的事情都是有效果的呢?简言之,有利于目标达成的事情就是有效果的事情。

很多人喜欢把"没时间"当成没有效率的借口。但世界上根本不存在"没时间"这件事。如果你觉得自己太忙,请放眼看看四周:有很多人比你更忙,却完成了更多的工作,显然这些人并没有比你拥有更多的时间,他们只是比你更会利用时间而已。

善于利用时间并不是什么高深的学问,而是一种人人都可以掌握的技巧,就像是用筷子一样,学会这个技巧,就可以做时间的主人,而不再是时间的奴隶。

上帝不会给你更多的时间,但你可以更有效率。

管理时间等于善用时间,善用时间等于善用生命。

小贴士

追求效率,请小心以下陷阱:

❖ 工作计划太繁杂。仔细看看你的待办事项列表，是否有很多不必要的事？如果有，删掉它，或者把它交给更合适的人处理。

❖ 满足感不等于效果。人生不是百米冲刺，而是马拉松，所以眼光一定要长远，看三年、五年、十年甚至一生。有些事情，也许现在对我们来说很痛苦，例如财务规划，例如撰写企划书，但是它们终究会给我们带来成就、乐趣和财富。

❖ 只做容易的、一定能完成的事情。这看起来似乎是个好主意！完成事情是获得成就感最快的方式，但如果在精力充沛时，做无关紧要的或者容易完成的工作，那就是在浪费时间。试着在一天的工作结束前或者有些疲倦时，再去做那些简单容易的事情。

❖ 用大量的时间做琐碎的事情。总是忙着处理小事，就没有时间做大事。

❖ 把小事做得太完美。把越不重要的事情做得越好，表示你的时间管理越糟糕。将完美主义运用在小事情上，会使你忽略重要的大事。

❖ 校长兼撞钟。创意需要专注，琐碎的事情最容易打断灵感。

❖ 低估工作时间。做工作计划时，不要把期限制定得太紧。

❖ 缺少计划。没有长期目标，就很难安排短期任务的优先级。每件事情之间都有其关联性，没有计划会导致决策错误，事倍功半。

2

富兰克林涨价
——重视时间的价值

时间是每个人都拥有的零成本商品。你对时间的利用率越高，你的时间越能卖到好价钱。

——拿破仑·希尔，美国作家

读故事

有一天，本杰明·富兰克林的书店里来了一位顾客。顾客左挑右选，一个小时之后，终于开口询问："请问这本书多少钱？"

"一美元。"

"一美元？"顾客又问，"能不能少一点？"

"先生，这本书的定价是一美元。"店员回答。

顾客又低头看了一会手里的书，然后问："富兰克林先生在吗？"

"他在印刷室里忙着。"店员回答。

顾客坚持要见富兰克林，店员只好把富兰克林找了出来。

"富兰克林先生，请问这本书多少钱？"顾客问。

"两美元。"富兰克林迅速回答。

"您的店员刚才说定价是一美元！"顾客大惊。

"是的。"富兰克林面无表情："另外一美元则是中断我工作的费用。"

顾客满脸尴尬，欲言又止，想了想，终于咬牙掏出了两美元准备结账。

富兰克林看着他："现在这本书是三美元。"

怎么又涨了？

顾客看着富兰克林，富兰克林也看着顾客。顾客想了一下，急忙又掏出一美元放在柜台上，拿起书就走了。

学执行

"时间就是金钱。一个每天能赚十先令的人，花了五先令在外面玩了一天，他以为他只花了五先令？不，他还损失了他本来可以赚到的五先令。另外，记着：他因为娱乐而损失的十先令，将来会变成十英镑。"

这是著名科学家和政治家富兰克林的一段名言，他简单清楚地解释了一个道理：想成功，必须重视时间的价值。

在瑞士的医院，新生儿一出生，服务人员就会打开计算机为孩子登记姓名、性别、出生时间及财产等内容，有趣的是，瑞士的父母在为孩子填写财产时，写的都是"时间"。

瑞典乡下有对贫穷的夫妻，他们最值钱的财产是一把鸟枪和三只鹅。儿子出生那天，有钱哥哥穿着华丽的衣服，抱着自己的宝贝儿子讥笑："你们的儿子注定是看鹅的穷鬼！"孩子父亲说："我的儿子是富翁，只须支付20年的时间，他就会雇你的儿子当马夫。"

贫穷夫妻的儿子从小就很聪明勤奋，上中学时，他在作文里写："我将来一定是国家的栋梁，谁浪费了我一分钟，就等于浪费了全国一分钟。"

20岁那年,贫穷夫妻的儿子成为瑞典杰出的科学家,成为富翁。

很多人的成功经验都证明,成功与失败的界线就在于怎样使用、分配、安排时间。

一个小时是多久? 六十分钟? 事实上,一个小时有多久,取决于你用这一个小时用了多久。如果一个小时内你只用了十分钟,那么对你来说,这个小时就只有十分钟而已。

时间,就是你与生俱来的庞大财富,善用时间,你就能不断兑换着一笔笔有形无形的、物质与非物质的财富。

小贴士

你是个善用时间的人吗? 不妨做一个实验。

找一本笔记本,把一天分成三个八小时的区域,再把每个小时画成六十分钟的小格。把你做的事情记录在表格中,连续一个星期,再检查记事本,你就会发现你浪费了多少宝贵的时间。

然后,请再记录一个星期。

这一次,多用点心思来计划你的时间,把要做、想做的事情细致地安排进时间表,再看你的效率是否会高一些。

3

用半生清理一张桌子——简化办公桌就是节省工作时间

一屋不扫,何以扫天下?

——《后汉书》

读故事

琼斯在办公室的外号是"垃圾王",他常常需要加班熬夜,经常在办公室抽烟、吃泡面,办公桌几乎长年处于大学男生宿舍和工地工棚之间的模样。

某一天,老板突然心血来潮举行大扫除,琼斯办公桌上的打印机一打开,突然窜出几十只蟑螂,几个女同事吓得大呼小叫。随后,有人从角落里整理出了泡面碗,里面是风干泡面、烟灰和各种不知名的恶心玩意。

老板怒了,"谁这么不爱干净?"

有人小声说,"应该是琼斯……"

琼斯被勒令立刻整理自己的办公区域,没两下从文件堆里面翻出一份重要合约,上面有着咖啡渍。

老板铁青着脸走了。

美国一份职场工作效率调查显示,每个美国人每年会花费六周时间在混乱的工作环境中找东西,这意味着每年有一成的时间是被浪费掉的。

因为办公桌太乱而找不到需要的东西,这样的事情屡见不鲜。老板站在面前,你却发现要向他提交的报告不见了;或者为了找到资料,不得不让电话那边的客户等好几分钟。

办公桌整洁与否,一来体现了你的职业素养,二来影响了你的工作效率。

一张凌乱的办公桌,可以想见它的主人一定有些疲于应付工作,也从侧面反映出压力。作为职场人士,应该经常收拾一下自己的桌子,桌面清爽,心情也会好一点。研究证明,扔掉没用的东西,会让人产生一种愉悦感,就像一台计算机,经常清理一下垃圾档案,能有效提高运行速度。

杂乱的事物,会让生活变得越来越繁复,如果能够简化生活,扔掉没用的东西,舍弃不必要的事情,不但压力减少了,还可以专心去做自己想做的事情,长久下来更能大大地节省时间。

在一片狼藉的环境里,想过简单的生活,简直是奢望。想要简化生活,第一步要先学会创造简洁舒适的环境,一个整洁舒适的环境,可以令人更加安心专注于眼前的工作,提高人的工作效率。

一天的工作结束,把桌子整理干净,只留下明天要处理的东西;不同工作需要的资料,分别存放在不同的文件夹里,便于寻找。如果每样东西都整齐地放在该放的地方,你就能节省寻找它们的时间。

除了资料以外，办公桌上还有各种文具、数据线等等，很多人把这些东西丢在一个抽屉里，想要找其中一样东西，就得哗啦哗啦翻半天。如果为每个抽屉贴上标签，文具类的只放文具，电子类的放卡片阅读机、USB 线、记忆卡等等，透过分类，你会很容易地找到要用的东西，也不会为思索某个东西放在哪个抽屉而发愁了。

除了纸质资料，在一个正常的工作日里，人们往往要处理很多计算机中的邮件、报告、图表等等。数据像洪水一样从四面八方涌来，通常情况下，信息需要被处理、保存，然而实际情况往往事与愿违，接到新邮件时，很多人会暂时放着，等有空再来细看，但时间一长，堆积的邮件只会越来越多，越来越乱，你很难专门抽时间去整理它们。

其实管理电子档案跟管理纸质文件的方法差不多，管理的要点是：把档案装进分类文件夹里，并且尽可能以自己明白的顺序排列整理。

另外，不必要的档案就不要留着。没用的零碎档案太多，找东西会很不方便，所以在保存档案之前应该筛选。也不要养成留着所有邮件的习惯，花点时间浏览一下内容，与你的工作有关再保留。档案和档案夹分类、命名，也可以试着为不同的档案夹设置不同的外观，使它们更容易区分。

对于采取哪种高效方便的归档方法来说，标准是适合你自己。在某种程度上，它取决于你的工作性质，所以，没有万能的归档方法，你也可以根据以上的小建议，制定出最适合你的方法。

定期整理办公桌，拥有清爽的工作环境，学习归档整理的技巧，建立适合自己的归档系统，这会让你的工作变得更轻松、更高效。设想一下，当上司或者客户问起某事，你从容打开一个文件夹，里面的资料分门别类、排列整齐，加之你迅速给出答案，这会给对方留下多深刻的印象。

4

三百六十五个"明天"
——今天的事今天做完

今日事今日毕。这需要毅力,但也是最好的工作方法。

——坦普尔顿,美国著名投资家

读故事

一群老鼠正准备开个同乐会,它们在小猪家里快乐地度过了一年。

刚刚搬到小猪家的时候,老鼠们很害怕,因为小猪每天早上都会自言自语:"明天我要来打扫家里。"可是,明天到了,小猪通常是懒洋洋地躺了一天,或者是出去玩了一天,日日如此,老鼠们也放心地住下了。

就在同乐会快要结束的时候,小猪从外面回来了,它听见老鼠们唱歌跳舞:"明天明天明天的明天的明天,小猪的明天永远是明天"。小猪又生气又难为情,第二天把屋子彻底整理了一遍,屋子变得又干净又整齐。

看着自己的工作成果,小猪开始哼歌:"每天都有明天——明天不如今天"。老鼠们并没有听小猪唱歌——它们正在慌慌张张地搬家。

学执行

其实人生总结起来，也只有三天：昨天、今天和明天。昨天覆水难收，明天没有到来，所以，在人生的三天中，我们唯一能改变的只有今天，也就是现在。

日本茶圣千利休的孙子千宗旦建了一间茶苑，想请紫野大德寺的清岩和尚命名。

到了命名的那一天，清岩和尚如约而至，千宗旦却因为急事必须出门，便写了一张纸笺，嘱咐弟子交给清岩和尚："急事未能相候，尚祈恕罪，盼明日再叙。"

清岩看到纸条，也留下回执："懈怠比丘，不期明日复明日。"

千宗旦回家后，立刻拜访清岩，并以谢罪的心情写下了："念念今日过今日，明日是明日。"

之后，千宗旦的茶苑被命名为"今日庵"。

每一个今天都有明天，许多人因此而虚度光阴。每个今天都想着自己可能没有明天，你才会珍惜当下，发挥生命最大的价值。

哈佛大学图书馆的墙上贴着诸多名言锦句，其中与"今天"有关的为数不少：

"此刻打盹，你将做梦；此刻学习，你将圆梦。"

"我荒废的今日，正是昨日死去之人祈求的明日。"

"今日之事勿拖到明日。"

"今天不走，明天得跑。"

"一天过完，不会再来。"

"现在，对手正在不停地翻动书页。"

曾经有一位对人生之路感到茫然的年轻人，向一位大师请教："人的一生中哪一天最重要？洞房花烛夜？金榜题名时？"

大师毫不犹豫地回答："人的一生中，最重要的一天是今天。"

道理很简单，但我们却习惯性、无法克制地、不以为然地把今天的事情拖到明天，直到拖无可拖，尝到苦头为止。

今日事今日毕，努力从今日始。把握今天，永远不迟。

 **小贴士**

时间管理的十大信条：

❖ 牢记任务的优先级顺序。

❖ 为自己制定一套近期、中期和远期目标。

❖ 使用计划清单，规划好每一天。

❖ 确保重要事项能优先完成。

❖ 算清自己每天、每时、甚至每分钟的货币价值。

❖ 立刻行动、拒绝拖延。

❖ 设法一次就做好。

❖ 今日事今日毕。

❖ 每天都要有所收获。

❖ 把今天变成自己生命中的纪念日。

5

小张的星期一上午
——自律的强大力量

自律是品格的精髓，美德的基础。

——山谬·斯迈尔斯，英国作家

读故事

星期一早晨，小张在上班的路上决定，一到办公室立即开始草拟明年的企宣方案。

他九点准时走进办公室，先花了半个小时收拾办公桌及办公室。看着清爽的工作环境，他得意地休息了十分钟。

正要准备开始工作，小张无意中瞄到网站上的新闻是他喜欢的球星，于是点击并浏览了十分钟，随后，他正准备埋头工作，电话响起，是一位客户，小张为此花掉了二十分钟。

挂断电话，小张去了趟洗手间，十分钟后走回办公室，途中，隔壁部门的同事们邀请他喝刚煮好的咖啡。小张点头加入，喝了一杯咖啡并且闲聊了二十分钟。

回到办公室，小张一看，十点四十分，距离十一点的会议只剩下二十分钟,二十分钟很难写什么年度企宣方案,所以他决定,明天再开始写明年的企宣方案⋯⋯

学执行

良好的执行力,与惜时、守时是连在一起的,能够惜时、守时的人,更能赢得别人的尊重和信任;而惜时、守时,则需要具有很好的自律能力。

自律并不是一件容易的事,如果一个人缺乏自律,由本能和激情来支配行为,很容易沦为欲望的奴隶,成为完全丧失道德良心的人。

从时间管理的角度来说,自律是时间管理的基石,是远离不良习惯、战胜自我的保证。在《圣经》中,最大的赞誉并没有给予那些攻城略地的勇士,而是给予那些能够主宰自己灵魂的人们。

达到巅峰绝不是件容易的事,在专业领域中成为翘楚的人更是少数,而登峰造极的人,通常都有着高度的自律能力。

杰瑞·莱斯被公认是美式足球的最佳前卫之一,当然,他体能惊人、天赋优异,但是单凭体能和天赋,绝对不能使莱斯成为传奇人物,他取得卓越成就的最主要原因,是他强大的自律能力。

当莱斯还在高中校队的时候,教练规定球员每天都要向一座四十码高的山丘蛙跳前进,来回二十趟才能休息。天气炎热而潮湿,莱斯完成第十一趟之后,感觉身体到了极限,正打算溜回球员休息室时,他意识到了自己一旦开始半途而废,就会形成习惯。于是他转头回到训练场完成蛙跳,从那天起,他的所有训练,再也没有半途而废过。

成为职业球员之后,莱斯每天在山路锻炼体能,山路全长两千米,偶尔有一些足球明星也会来一起训练,但是没有一个人能够追上莱斯。当赛季结束之后,其他的球员都去享受假期,莱斯却仍旧保持着训练的作息规律，每天早上七点钟开始体能训练，一直练到中午。

美国职业足球联盟明星凯文·史密斯说："天赋过人能够让人变成好球员，然而努力与否，则是好球员与传奇性球员的分野。"

没有人可以在缺少自律的情况下获得成功，无论你拥有多少的才华与天赋，若不善于自律，就绝不可能将自己的潜能发挥到极致。

自律，也就是自我约束，当做出了决定后，坚定地朝着目标前进。当然，自律并不是万能药，但确实能够解决很多问题。如果你没有找到其他解决问题的方法，不妨试着自律：戒烟，减肥，根除拖延、无规律、无毅力的毛病。

自律就像肌肉，是可以训练的；训练的时间越多，你就越强壮。每个人都有不同程度的肌肉，但不是每个人都能把肌肉锻炼到相同程度。

培养自律，就像是锻炼肌肉，不断增加训练的强度，直到接近你的极限。

在培养自律能力之初，不要太过严格要求自己。生活不是一天就能改变的，用一个晚上的时间设定许多目标，从第二天开始严格坚持，失败的可能性极大。这就像是第一次去健身房，就想举起一百公斤的哑铃一样，只会显得你好高骛远而且愚蠢。如果你只能举起十公斤，那就举十公斤吧，这并不是什么丢脸的事。

如果你自觉非常缺乏自律能力，不妨通过各种小约束来使自己达到目标，也许是今天午餐不喝饮料，或者今天少抽三根烟，你的自律能力就会越来越强。

大部分人每天都有起码八小时的工作时间，但研究指出，每个员工每天有接近四成的时间，是在偷懒或者做别的事情，某些人甚至有超过一半的时间没有用在工作上。

如果你想要每天做足八小时的工作，也许偶尔能够坚持一两天，然后就失败了。其实这无所谓，不妨问问自己，可以坚持连续多少小时的工作？可以维持多久？每天全神贯注工作五小时，一连坚持五天，能够做到吗？如果仍然做不到，或许每天四小时，连续坚持一周？

如果你成功地坚持一个星期，就可以提升挑战性，不断地以这种进度继续训练下去，直到达到了你的最终目标，这将使你的职业生涯变得一片光明。

成功来自于自律，想尽快培养出自律能力，首先要想象自己已经是一个能够自律的人，然后像一个能自律的人一样思考、行动，并且持之以恒。

自律由五件事情所组成，它们是接受（Acceptance）、意志（Willpower）、困难（Hardwork）、勤奋（Industry）、坚持（Persistence）。把每个词汇的第一个字母取出来，你就会得到"一条鞭子"（A WHIP），这条鞭子，就是鞭策你自律的关键。如果你发现自己的自律性正在被挑战，想想那条鞭子，然后提醒自己：自律的代价永远比后悔的代价低。自律，将改变你的生活。

6

扛空枪的猎人
——早一步走向成功

把今天的工作拖到明天,明天的工作怎么办?

——埃克森美孚公司员工守则

 **读故事**

在一个适合打猎的天气,猎人带着粮食、弹药、猎枪和猎狗出发了。他的枪还没有上膛,妻子劝他提前装上子弹,但猎人不以为然,他说:"急什么?难道我一出门就会看到一群猎物?我走到那里得花一个多钟头,装一百次子弹都绰绰有余。"

然而,猎人刚离开家没多久,就发现一大群野鸭密密麻麻地浮在河面上。他急忙从口袋里拿出子弹往猎枪里装,野鸭听到动静,发出一声叫唤,一起飞起来,很快就飞远了。

学执行

人们常常因为拖延而自责后悔,然而还是会习惯性地拖延下去,这种现象太过普遍,几乎可以把它当成是人不可改变的本性之一。

拖延,并不只是劣根性,实际是一个对工作和生活极其有害的恶习。一件事还没有完成,留个尾巴一直沉甸甸地压在心里,就像脖子上挂着大石头,又好像陷入拔不出脚的泥潭,当然会使人焦虑紧张,寝食不安。

拖延的毛病越严重,待处理的事情就越来越多,每天面对堆积如山的工作,迟早会像救火一样,费时费力,手忙脚乱,结果问题越来越多。

拖延,容易让事情失败,随即带来挫败感,让人越来越没有自信,开始自我怀疑,怨天尤人,之后前途黯淡,与升职再无缘分。哪个上司或老板能容忍自己的下属办事拖拖拉拉,没有效率呢?

当然,对少数的人来说,把工作拖到最后,在时间的压力下,人反而会更敏捷专注,工作完成得更快更好;但,请不要指望拖延都能变成这样的好事。

追根究底,拖延这个行为,表明了我们对事情的真实态度是抗拒——我们知道该做某件事,然而内心深处却抗拒去做。

如果能理解抗拒的原因,也许能采取积极的方式解决问题。然而很多事情并没有这么容易解决,于是我们只能有意无意地以拖延来逃避面对问题。从本质上来说,拖延,是一种自我保护的舒压方式。

既然拖延是为了舒压,想要不再拖延,根本的解决方法,就是搞清楚焦虑来自何处,也许是任务本身,比如一个讨厌做家事的人面对杂乱的房间。

拖延是你的一部分,你会拖延。接受这个事实,你才有可能开始改变。然而,拖延这种行为模式,绝不可能仅凭想法的改变就自动消除,习惯拖延的人,也不可能一夜之间脱胎换骨。长期形成的行为模式只能慢慢消除,用新的良好习惯来替代,这个过程并不轻松,但也有可以借鉴的方法,比如记录自己的拖延,在不拖延的时候奖励自己,制定合理计划并严格遵守, 说服自己着手工作, 哪怕只有十分钟等。

莎士比亚有句名言: "放弃时间的人, 就会被时间放弃。"

被时间放弃, 等待你的将是无止境的恶性循环, 以及各种不良后果: 耽误重要的工作, 失去重要的机会, 被各种负面情绪困扰, 罪恶感、挫折感、空虚感……

拒绝拖延, 提升执行力, 进而给自己更多的竞争力, 你才能享受工作, 享受人生。

很多拖延带来的损失是无法挽回的, 治疗延误, 人就会死。

❖ 把拖延的事情一气呵成地做完, 会有解脱的轻松感和成就感, 会帮助你克服拖延的习惯。

❖ 给自己加一些压力, 例如制定任务的完成期限, 让身边的人知道这件事情, 让他们监督你如期完成。

❖ 不要害怕做不好某件事而拖延工作, 完美主义更不是你裹足不前的理由。"等等再说"、"明天开始做", 禁止自己有类似这样的言语或想法。列出自己的行动计划, 现在就开始做。

7

比尔盖茨和科莱特——所有的条件都成熟,需要永远等下去

想做的事情,立刻去做。

——比尔盖茨,微软公司创办人

读故事

1973 年,一个叫科莱特的英国小伙子考入了哈佛大学,有一个 18 岁的美国小伙子常和他坐在一起听课。在大二那年,新编的教科书中解决了进位制路径转换的难题,美国小伙子和科莱特商量,不如退学,一起去开发财务软件。

科莱特觉得这个想法匪夷所思。他是来哈佛求学的,不是来胡闹的,再说他才刚学了点皮毛,要开发财务软件,不学完全部的大学课程是不可能的。于是,他委婉地拒绝了美国小伙子的建议。

很快,十年时间过去了,科莱特成为哈佛大学的博士研究生;退学的美国小伙子则进入美国《福布斯》杂志亿万富翁排行榜。

1992 年,科莱特成为博士;美国小伙子的个人资产达到六十五亿美元,仅次于股神巴菲特,成为美国第二富豪。

1995年，科莱特认为自己具备了足够的知识，可以研究和开发财务软件了，而美国小伙子新开发出的财务软件，在十五天内迅速占领了全球市场。在这一年，美国小伙子成了世界首富，他的名字代表着成功和财富，传遍世界的每一个角落。

美国小伙子就是比尔·盖茨。

比尔·盖茨没读完大学就去创业了，如果他等到学完所有课程再去创办微软，还能成为世界首富吗？

不可否认，在一个人成功的过程中，足够的学识是相当重要的，但与此同时，把握机遇也是至关重要的。

我们通常认为，只有具备了精深的专业知识才能创业，然而事实是，先有精深的专业知识，再从事发明创造的人并不多，很多成就一番事业的人，赢就赢在目标明确；在专业知识还不算多时，就敢于尝试，然后在创造过程中，根据需要实时充电，补充知识。人们做事总喜欢事先做好充足准备，认为在万事俱备的情况下成功的机率才大。这不能说是错的，但任何事情，如果等所有条件成熟才行动，那或许得永远等下去了。当机立断是一个人能力与魄力的体现，你如果不能创造时机，就应该善于抓住那些已经出现的时机。

一个成功的人懂得机会来临时应该怎么办。机遇大门一旦开启，"立即行动"就是最好的办法。一旦养成了"立即行动"的习惯，就大体上把握了人生进取的要义。迈向成功重要的一步，在于下定决心向着心中的目标进发，立刻行动，绝不迟疑。

著名的演讲家罗伯·舒勒博士28岁时，来到加州一个陌生教区，准备在那里兴建一座教堂，但是全身上下只有五百美元。用五百美元盖一座教堂是不可能完成的任务，可是他凭着惊人的毅力和超凡的管理才能，在没有任何贷款的情况下，修建了一座需要耗资两千万美元的水晶大教堂，成为世界闻名的传奇人物。他每年都要在美国各地做几百场的公开演讲，还担任一个电视节目的主持人，这个节目每周同时在一百七十个电视频道中播出。

集一生传奇经历和成功经验，舒勒博士总结："空有理想不付诸行动，梦想终归只是梦想，永远没有实现的可能。犹豫不决的人，迟迟不会行动。他们总是说'等我准备好时就一定开始'，但是准备又准备，却从未就绪。成功的人不一样，往往一经决定，就立即行动，因为机不可失，时不我待，失去契机，将永远无法成功。"

过于保守和拖延是许多人常犯的毛病，有些人明明对未来有很好的目标和计划，甚至有了实施的方案，但就是犹豫着不去实施。他们把行动的日子放在明天或放在未来的某天，却任凭一个又一个今天哗哗地流过。他们宁愿憧憬着梦里丰收的果实，也不抓住此刻立即开始播种。

美国出版家和作家费西说："成功的大事很少是长期考虑和仔细安排的结果，而是我们每天日常工作的结晶。"

立即行动反映了一个人的创业热情和对未来的责任意识。人生苦短，只有迅速行动，才能在有限的一生中有所作为。只有切实行动才能使梦想、计划、目标等具有现实意义。

立即行动！

这句话是最惊人的成功启动器，当你在行动之前犹豫徘徊时，当你反复衡量、患得患失时，当你畏惧前方的困难时，你都需要用这句话来提醒自己。

在人的一生中，从来没有万事俱备的那一天，如果能够万事俱备，成功就不需花费一点力气了。任何一项成功的事业都来自于艰苦创业，任何一项卓越的成就都是行动的结果。不管过去经历的是成功还是失败，不管现在面临着什么样的境况，你的选择都只能是立即行动。在行动中取得的每一项成功，每一个进步都能够激励你，都能够让你变得更为坚定，而消极等待只会消磨信心和斗志。

有时人们裹足不前的原因，来自于内心的恐惧。要想克服恐惧，必须毫不犹豫，立即行动，惟有如此，心中的惶惑方能得以平定。如果什么都不做，原地等待，的确可以避开前路的危险或损失，同时也错过了机遇，避开了成功的光芒。潜在的隐患岂不是更大？潜在的损失岂不是更惨重吗？

成功不是等待。如果你按兵不动，凭什么让人相信你能够打胜仗？如果你没有打胜仗，凭什么获得荣誉与回报？如果久久迟疑，宝贵的光阴就会被白白浪费，成功就会永远弃我们而去。

记住萤火虫给我们的启迪：只有在振翅的时候，才能发出光芒。

5 注重细节
令执行更到位

注重细节,是一种思维与行动的高效组合。有的人做事总是特别容易出错,不是这里错就是那里错,原因就是不注重细节。

① 这不是尿疗法
——细节决定成败

魔鬼藏在细节之中。

——西方民谚

读故事

"当一个医生，最重要的就是胆大心细。"

新学期的第一天，教授站在讲台上环视所有学生，然后将手指伸进一个盛满尿液的烧杯里，接着把手指放进嘴里吸吮。

然后，教授将烧杯递给学生，让学生们排队站在讲台前，轮流照做。

每个学生都忍着恶心呕吐，把手指伸入杯中，蘸了尿液，塞进嘴里。

看着学生难受的表情，教授面无表情，等到所有人都做完这个动作后，他说："不错，你们每个人都堪称大胆。"接着，他叹了一口气："可惜你们不够细心——没有一个人发现我伸进烧杯的是食指，放进嘴里的是中指。"

学执行

不要忽视细节，否则你会付出惨重的代价。

所谓细节，就是整体中的细小组成部分。生活是由一个一个的细节组成的，当然，我们并不是时时刻刻都需要做一些大是大非的抉择，但细节却每天都在生活中不断上演——决定人生成败的，通常是这些微若沙砾的细节。

细节决定成败。

现代人在智商、学历、知识、能力等各方面的差距越来越小，因此，人与人之间的竞争也走向了专业化、细节化。所谓的差异化竞争，本质上就是细节竞争，细节才是最高和最终的赛场。

催化剂，可以让原本稳定的物质发生剧烈的反应。细节，就是生活中的催化剂，细节的积累，足以影响一个人的一生，改变一个人的命运。

千里之堤，溃于蚁穴，说的就是这个道理。任何事物的变化过程都是从量变到质变，忽视细节，微恙成重疾，小问题将演变成大祸患。

凡是成就大业的人都会力戒浮躁，注重细节。

美国石油大亨洛克菲勒做事向来有条不紊，细心到了极点。他曾经写信给他的炼油厂经理质问："为什么你们提炼一加仑汽油要花一分八厘二毫，另一个炼油厂却只需九厘一毫？上个月塞子库存是1 119个，本月初你们进货10 000个，用去9 537个，现存却只有1 012个。其他570个哪里去了？"

据说这样的信，洛克菲勒一生写过上千封，他把数字精确到毫厘，进而分析出公司整个的生产经营状况和弊端所在，一步一步将他的石油帝国打造得越来越强大。

洛克菲勒严谨认真的风格，在他很年轻的时候就形成了。他对数字很敏感，从 16 岁开始记收入支出帐，记了一辈子。不过他并非守财奴，常常会为慈善事业捐献，锱铢必较只是他经营管理的认真作风的体现而已。

做事是否认真，不只是行为习惯的问题，更反映了一个人的品行和态度。"认真"与"仔细"是密不可分的，在小事上认真仔细的人，遇到大事更会精益求精。试想，一个平时就马马虎虎的人，遇到大事怎么能突然变得思维缜密呢？

成功隐藏在细节中。经营人生，从细节做起。

② 一个球的区别——细节的差距，就是质量的差距

小事成就大事，细节成就完美。

——戴维·帕卡德，惠普创始人

读故事

　　美国职棒平均的打击率是两成五，也就是说，每四个击球机会中能够击中一次，就可以当一个不错的职棒球员。如果打击率能够达到三成，则是响当当的大球星，除了得到高薪长期的合约，大公司也会用重金聘请他们做广告。其实，三成与两成五的打击率，差别只有5%。也就是说，平均每二十个球中，普通球员击中五次，明星球员击中六次。

　　普通和卓越的距离，仅仅一球之差。

学执行

　　从"不错"到"极好"，往往只需要一小步。在生活中，想做大事的人很多，愿意把小事做好的人却很少。很多人觉得大事情可以表现自己

的能力，小事情只是浪费时间，但不经过小事情的磨练，又怎么敢说自己能做好大事情？

生来卓尔不凡的人毕竟是少数，大多数人都需要时间和经验的打磨。

1960 年代，零售业在美国兴起，到目前为止，沃尔玛是全球最大的零售企业，创造了零售业的一个神话。成立几十年来，沃尔玛一直保持着良好的发展势头，而且规模不断扩大，即使是金融风暴时期，沃尔玛的业绩仍然保持增长。

成功的秘密在于，沃尔玛注重细节。

顾客在全球任何一间沃尔玛分店买东西时，性别、年龄、住址、购物品牌、数量、规格、消费总额等一系列数据都会被记录下来，传送到总部的动态分析系统，分析出每家分店、每个客人的相同性和差异性。

有一位经常往返于东京、大阪间的德国商务经理发现了一件趣事：每次去大阪时，他总是会坐在右边靠窗的位置，返回东京时则总是坐在左边靠窗的位置。这位商务经理向订票的职员询问其中缘故，职员回答："车前往大阪时，富士山在车窗右边；返程回东京时，富士山在左边。我想您会喜欢富士山的风光，所以替您买了位置不同的车票，便于您观看景色。"这样细致入微的办事风格，让德国经理十分感动，他把对这家公司的贸易额度一下提高了八百万欧元。他认为，订票这样一件微不足道的小事，这家公司的职员都能够想得这么细致，跟他们做生意还有什么不放心的呢？

成功者的共同特点，就是能做好小事情。

注意细节，是一种习惯，一种积累，也是一种心态。摒弃细节的人必定眼高手低，大而化之的人必定会被成功放弃。每一个细节的成败都是衡量能力的标准，每一个细节都能够成为你走向成功的阶梯。

很多人都被草叶割过手，但只有鲁班注意到草叶的锯齿，发明了锯子;很多人都看到苹果从树上掉下来,但只有牛顿发现了万有引力。

鲁班和牛顿,就是在细节中成就了自己的人。

大多数人都不曾在意细节中隐藏着的契机,成功的突破口,只会留给少数关心细节的有心人。渴望伟大、追求伟大,伟大却了无踪影;甘于平淡,认真做好每个细节,伟大将不期而至。

 小贴士

❖ 讨论研究细节不难,在细节上显示实力却不简单。

❖ 想要关注细节,必须有更强的执行力。

❖ 细节是为了目标而服务,不要为了细节而细节。

3

面试的最后一关
——着眼细节，重视小事

天下难事，必做于易；天下大事，必做于细。

——老子，中国思想家

读故事

某公司招聘营销经理，年薪不菲，应聘者很多。阿章从几百位应聘者中一路过关斩将，获得了与总经理面试的机会。

约见的那天，阿章准时走进总经理办公室。总经理不在，年轻的女秘书接待阿章，说："先生，您好，总经理请您打电话给他。"

办公桌上有两部电话，阿章问秘书小姐："我可以用一下吗？"

"可以。"秘书小姐微笑。

阿章拿起电话，拨通了总经理的手机。

总经理在电话里说："欢迎你加入本公司。"

阿章心花怒放，立刻想要将这个好消息与去国外出差的女朋友分享。他拿起桌上的电话拨号："喂？艾丽？我有一个好消息——我被录用了！"

说时迟那时快,另一部电话突然响起。阿章想了想,接起了电话。"非常抱歉。"总经理的声音非常温和,"你没有通过面试。"

阿章愣住了,仿佛被泼了一盆冷水,呆若木鸡。

学执行

细节,往往最能反映一个人的真实状态。正因为如此,有些公司在招聘时,会专门设计一些细节方面的试题来观察检测应聘者。有些时候,从细节可以看出一个人的内在。

北洋舰队刚建立时,日本海军上校东乡平八郎应邀参观,水师提督丁汝昌陪东乡平八郎登上了镇远号巡洋舰。

当时北洋舰队的武器配置很好,所有大型军舰都是在英国订造的,看上去十分威武雄壮。但东乡在参观结束后向日本政府回报:"清朝海军吨位大,却不堪一击。"

果然,1894 年,甲午战争爆发,日本海军击败了北洋舰队,致远号、威远号、靖远号被击沉,丁汝昌以身殉国。

东乡之所以得出北洋海军不堪一击的结论,是因为他看到两件小事情:一,水兵洗好的衣服晾在炮管上;二,甲板上的栏杆很脏。这两件事情,表示北洋海军缺乏纪律和有效管理,怎么可能打胜仗?

人生是由无数细节构成的,细节让生活更真实。

一个人如果能注重细节、谨慎细心,也就握住了成功的脉搏。

卡内基说过:"不要害怕把精力投入到不显眼的工作上。每完成一件小工作,都会使你进步;完成所有的小工作,大工作也就迎刃而解了。"看似不起眼的小事,也许就是转变命运的契机。

无论做什么事情,要想取得好结果,不仅需要才华和能力,还要有认真的态度,谨慎的精神,踏踏实实用心去做;如果做事情马马虎虎,在小事上放纵自己，终将一事无成。

小贴士

❖ 认真只能把事情做对，用心才能将事情做好。

❖ 善于观察和分析细节，有时会产生意想不到的作用。

❖ 不把细节当回事的人，很难把工作当成乐趣，会导致对工作缺乏热忱，工作会成为不得不做的苦役。

4

千分之一的差距
——天才就是注意细节的人

一个人的价值，不是以数量而是以深度来衡量；成大事者的共同特点就是能做小事情，能够抓住生活中的一些细节。

——托尔斯泰，俄国作家

 读故事

1892 年 9 月 29 日，科学杂志《Nature》发表了一封物理学家瑞利的来信。"我对氮气密度的测定结果深感惊讶……由于两种制备方法的不同，我得到不同的数值，相差约千分之一，在可接受的误差范围之外，可能来源于气体的性质不同。"

瑞利认为，从空气中得到的氮气与从氮氧化物中得到的氮气，密度有极其微小的差距，这里面肯定有什么问题。他把可能一一排除，最后决定用实验解决问题，方法很简单，把氮气除去，看看还剩下什么。

瑞利的好友拉姆塞与他一同进行这个工作，一个设计火花放电，一个则用灼热的镁屑，两个人都得到最后剩下的气体，再经过测量密度、光谱分析和化学性质测定等等，他们发现了一种新元素。1894 年 8 月

13 日，两位科学家在牛津的英国科学促进会上，公布了他们的发现，并且把这个新元素命名为氩。

当时与会的化学家多多少少有点失落，毕竟这是他们研究的范畴，不过氩具有不同寻常的惰性，想在化学变化中寻找它的存在是徒劳无功的，所以化学家稍微要吃一点亏。

最重要的原因是，化学家们没有把握住机会。

在氩被发现的一百多年前，英国化学家亨利·卡文迪许做了几乎相同的实验，他把氧气和空气的混合物装在试管里，倒扣在含有碱液的杯中，最后也发现了剩下的气体。卡文迪许当时猜测这个气体性质特殊，却没有进行进一步的探究。

学执行

什么是天才？狄更斯说，"天才就是注意细节的人。"

成功的背后，具有决定作用的往往是小细节，完善了小细节，才能构筑大事业。

麦当劳在决定进驻中国前，用了五年的时间调查，内容包括消费者的经济收入和消费方式，提前四年在中国试种马铃薯，并根据中国人的身材，确定了柜台和桌椅的最佳尺寸，还从香港麦当劳空运食品到北京，让北京的消费者试吃，进行口味试验和分析。

在种种细致入微的准备之后，麦当劳进军中国，一炮而红。

在那之后，很多中国本土的快餐品牌纷纷涌现，想要分一杯羹，但这些品牌只不过是昙花一现，不久便销声匿迹，究其原因，就是输在细节上。

很多人会在不经意中忽视一些他们认为不重要的小事情、小步骤或小习惯，工作却因此难以顺遂，婚姻难以幸福，财富难以积累。

重大的发现常常隐藏于偶然中，隐藏在小事中，机遇就在细微处，要捕捉它，首先要发现它。成功的人总是不放过每一个细节，因为越是不被大多数人重视的细节，越有可能是超越别人的关键所在。

生活就是由很多无足轻重的事件，以及细微经验渐渐累积而成的，也正是它们，才构成了生命的内涵。

用敏锐的眼光注视事物的发展变化，不忽视和放过任何细节，做一个生活的有心人吧。

小贴士

❖ 只有在细节上也严于律己的人，才能真正把事情做到位。

❖ 无论设定了什么宏大的目标，如果细节问题处理不当，就会偏离目标，甚至导致失败。

❖ 时时、处处、事事做到身勤、眼勤、手勤、口勤、心勤，就不会漏失细节，也绝不会无所作为。

5

每桶四元
——好习惯从小事中训练

习惯是世界上最可怕也是最神奇的力量。

——周士渊,演讲家、习惯研究专家

读故事

美国标准石油公司里,有一位名叫阿基勃特的小职员。

阿基勃特有一个习惯:出差住旅馆的时候,总是在自己签名的下方写上"标准石油每桶四元",书信、收据上也不例外,只要签名,他一定会写上那几个字,连平时给朋友写信也不例外,甚至有时不写名字,而以这句话代替签名,他因此被同事戏称为"每桶四元",时间久了,真名反倒没人叫了。

阿基勃特坚持了四年,直到有一天董事长洛克菲勒知道了,大为感动:"竟然有职员如此努力宣扬公司的声誉! 我要见见他!"于是邀请阿基勃特共进晚餐。

五年后,洛克菲勒因病卸职,阿基勃特成了第二任董事长。在阿基勃特的领导下,标准石油公司获得了更好的发展,更加兴旺繁荣。

签名，是一件人人都可以做到的小事，可是在偌大的公司里，只有阿基勃特一个人坚持做下去，所以最后他成了董事长。从小事做起，而且坚定不移，乐此不疲，直到让做好小事成为你良好的习惯，你便具备了成功者的品质。

亚里士多德说："每一个人都是由自己的重复行为铸造的，因此，优秀不是一种行为，而是一种习惯。"

75位各国诺贝尔奖得主齐聚巴黎，有记者采访一个老人："你在学校里学到最重要的事情是什么？"

老人回答："我在幼儿园学到两件事情：用完东西放回原处，有好东西要和朋友分享，这两件事情，让我受益终生。"

消防队员的行动必须迅速，他们的迅速，取决于平时良好的习惯，所有的工具都必须严谨而合理地放置，甚至连入睡前衣物的摆放都有十分明确的规范，否则，警报响起来，穿了袜子找不到鞋子，套上裤子找不到皮带，怎么办？

成功看似偶然，但其背后隐藏着必然，小事上是否拥有良好习惯是一个重要因素。

好运往往藏于细节，偶尔的优秀行为终究敌不过优秀的习惯。优秀的行为可能是偶然的、孤立的，缺乏后继性的，而优秀的习惯才是让优秀行为层出不穷的制度性保证。

从某种意义上说，习惯优秀才是真正的优秀。法国前总统蓬皮杜有一句名言："命运就是抓住机会的能力。"拥有好运的人都很善于培养这种能力。留心细节，把握细节，千千万万个机会就在前面等着你。

❖ 经常思考两件事情的因果关系。

❖ 发掘问题的根本症结。

❖ 试着改进习以为常的做事方法。

❖ 要养成有条不紊和井然有序的习惯。

6 执行,从
沟通开始

      在做事之前,必须清楚地知道目标,明确方向与方法,确保做正确的事、正确地做事。因此,在执行的每一个环节都需要积极沟通。

① 墨子责徒——积极沟通才有好的执行力

一个人必须知道说什么、什么时候说、对谁说、怎么说。

——彼得·德鲁克,现代管理学之父

读故事

墨子有一个门生叫耕柱,大家都称赞他很优秀,但耕柱并不觉得自己在老师面前有什么特殊待遇,反而老是挨骂。

这一天,墨子又责备了耕柱,耕柱觉得非常委屈,也很没面子,终于按捺不住,愤愤不平地问:"老师,难道我真的如此差劲,以至于经常要遭到您的责骂?"

墨子沉吟了一下,反问:"假如我现在要上太行山,依你说,是用良马来拉车,还是用老牛来拉车?"

耕柱不假思索地回答:"当然是用良马来拉车。"

墨子又问:"为什么不用牛?"

耕柱回答说:"相比于牛,良马足以担负重任,值得驱策。"

墨子说:"你就是一匹良马,能够担负重任,所以我经常教导与匡正你。"

如果耕柱没有与墨子沟通，不理解墨子对他的栽培提携之意，很可能会认为墨子是有意刁难他，心里会一直愤愤不平。

我们每天都会遇到沟通问题，无论是与亲人交流还是与朋友、同事、客户打交道，都离不开沟通。沟通在生活中可说是无处不在；从某种意义上讲，沟通不只是简单的口语对话，而是一种生存方式和技能。

究竟什么是沟通？

在很多人的认知中，沟通就是说话，会不会沟通就等同于会不会说话。很显然沟通不只是说话，只要双方用任何方法彼此交换信息，都是沟通。

对现代人来说，没有良好的沟通能力将是致命的，会使一个人丧失竞争力，引发误解，影响人际关系等等。

沟通在生活和工作中的作用好比在人身体中分布的诸多血脉，如果沟通不畅，血管栓塞，后果可想而知。虽然沟通在人际交往中无比重要，然而在生活中并不是每个人都能掌握沟通的技巧；也只有掌握了沟通技巧，才能取得良好的沟通效果，达到沟通的目的。

要想做到有效沟通，在与人沟通之前，首先想清楚：这次沟通要达到什么目的？如果需要沟通的是重要事情，最好提前做一些准备，把沟通的时间、地点、对象、主题、方式及注意事项一一列出，另外，不妨顺便预测可能遇到的争执和意外情况。

我们人类有一张嘴巴、两只耳朵，也就是让我们多听少说——这也是沟通中的重要原则：学会聆听。我们在与他人进行沟通的时候，往往注重自我表达更多一些，而忽视了解对方的真意。其实，只有在充分了解对方真意的前提下,才能够充分表达自我。

倾听别人说话时不要心不在焉,不要想别的事情,更不要随便打断别人,专注地倾听,才能捕捉到谈话的要点。

在倾听的同时要及时给予回应,设身处地地从对方的角度出发思考问题;当别人传达沟通信息的时候,对他所表述的信息做客观而公正的评价;没有听清时要及时提问,但要少问带有引导性的问题,比如"你认为这样对吗",这样的问话会给对方不愉快的心理反应,不利于沟通。

在沟通中,会遇到各种各样的问题,如果问题是人为引起的,就需要在反复沟通的基础上分析和解决。

"我理解"。这是解决沟通问题最有用的三个字。

保持积极的心态,进行换位思考,创造一个轻松、畅所欲言的环境,多表达自己支持、理解、肯定的态度,注意别人的情绪,尊重别人的意见,这些事情对于有效沟通有着非常重要的作用。

小贴士

美国前总统克林顿是一个很擅于沟通的人,他最常用的八个小招数是:

❖ 聊日常生活。

❖ 保持身体接触。在说话时拍拍对方的肩膀或手臂,是一种很有效的情感共鸣方法。

❖ 牢记他人姓名。

❖ 保持密切的眼神接触。

❖ 根据和对方的关系,调整自己的音调和音量。

❖ 客气地征求别人的意见。每个人都喜欢展现自我,多给对方一些机会。

❖ 合适的表达方式。克林顿说话很有分寸，从不滥用俚语或采用蹩脚的表达方式，他总是针对具体的场合，精心选择适当的表达方式。

❖ 随时公开赞扬别人。

2

教授的裤子还能穿吗
——沟通不够,事倍功半

有效沟通取决于沟通者对议题的掌握程度,而非措辞的甜美。

——安迪·格鲁夫,英特尔公司创建人

读故事

陈教授应邀在一个重要会议上演讲,这个会议规模盛大,是他平生第一次遇到的。全家人都为此感到高兴和激动,教授夫人还特地为他选购了一身西装。

晚饭时,夫人问西装是否合身,教授说:"衣服很合适,只是裤子似乎长了点,再短个两公分应该会更好。"

用过餐之后,陈教授早早上床休息了,他的母亲心想自己的儿子参加这么重要的会议,西裤太长了就不好看了,于是她翻身下床,把西装的裤腿剪短两公分,缝好、熨烫平整,然后放心地睡了。

凌晨,教授的女儿睡觉前,看到衣架上的裤子,心想自己也该为爸爸做点事情,就把西裤剪短两公分,缝好、烫平。

早上，教授夫人特地提早起床，拿起陈教授的西裤，又剪掉两公分，缝好烫平……

 **学执行**

三个人付出了三倍的时间和劳动，结果陈教授得到了一条迈克尔·杰克逊的西装裤。

无论是日常生活中的交往还是团队的协作工作，都有很多事情需要充分沟通。确立目标、达成共识需要沟通；明确职责、分工协作需要沟通；工作汇报、意见交流还是离不开沟通。沟通如果产生障碍，往往会事倍功半，甚至还可能会造成严重的损失，导致任务失败。

所以说，沟而不通，费时误工。

天气寒冷，秀才去买柴。他在路上远远地看见一个卖柴的人，就喊："荷薪者来！"

卖柴人没理他，秀才只好自己走上前去问："价何如？"

卖柴人不太听懂整句话的意思，只听懂了"价"，于是回答："一文钱一担。"

秀才看了看柴禾，说："外实而内虚，烟多而焰少，请损之。"

这下子卖柴人完全是鸭子听雷了，茫然无措，于是担着柴转身要走。秀才急了，一把抓住卖柴人的柴担，急急忙忙地说："你的柴外面是干的，里头是湿的，烧起来肯定烟很多，请降低点价钱吧！"

既然是沟通，我们在跟别人说话的时候，就要考虑对方能否理解，否则讲了一大堆，对方听不懂，不是等于白说吗？如果没有特殊需要，最好用简洁的语言、易懂的言辞来传达各种讯息。

当然，我们每个人也都是别人沟通的对象，相信你一定有过这样的经历：有些人看似善于沟通，但思维跳跃，逻辑混乱，说话天马行空，漫无边际，不切主题，没有重点，甚至语无伦次；还有一类人说起话来头头是道，却始终让人感觉在自说自话，与你没有任何互动。

事实上，不善沟通的根源主要有：一是对要传达的事物缺乏了解。自己都不清楚的事情，传达给别人的时候当然也不清楚，自然也就没有什么沟通效果了。二是把事情说清楚只是沟通的基础，让人认同、接受，才是沟通的最终目的。这就需要在沟通时考虑到场合、时机和对象等因素。如果意识不到"人"的不同，只想把"事"说清楚，就很难达到沟通的目的。

预先做好功课，深入思考之后再阐述，论述有条有理、逻辑分明，对方就能轻松理解。掌握好对"事"的要诀后，则应思考"人"的因素，比如对方的身份、环境、立场、思维方式等因素。我们需要换个立场思考对方对这件事可能会有的态度与反应，自己该如何应对，该如何述说。

任何工作的推动与执行，必然都要牵涉到沟通与协调，站在对方的角度思考，就能让沟通变得轻松和顺利，进而大大提升执行力。

没有人生来就是演说家，除去技巧之外，沟通的基本问题在于你的心态；如果缺乏耐心和宽容心，与其开口说话还不如保持沉默。

小贴士

改进语言习惯，使你更容易与人沟通。

❖ 摒弃经常使用的不良词汇，例如"也许"。总是说"也许"，会令人觉得你模棱两可。

❖ 尽量少说"别人说"，多用第一人称，你可以说"我认为"、"我决定"，让自己的语言更加有力。

❖ 试着多用"愿意"。比如，把"我能去"改为"我愿意去"，你会发现自己变得更加积极主动。

③

智者钉钉子
——沟通中的以柔克刚

如果你是对的，试着温和地、有技巧地让对方赞同你；如果你错了，迅速地承认，比为自己争辩有效和有趣得多。

——卡内基

读故事

一位老人独自住在山顶，附近的男女老少都非常尊敬他。

这天，有一个年轻人来找他，"我说话很直，每次说话都会惹人生气，所以大家都不愿意与我交往，请您给我点忠告。"

老人找来两块窄木条、一根直钉、一根螺丝钉，他先往木条上钉直钉，拿锤子用力砸，没两下钉子就弯了；他用钳子夹住钉子，继续砸，钉子总算钉进木条里，但是木条也裂成了两半。

老人又拿起螺丝钉，先把螺丝钉往木板上轻轻一敲，固定住，然后用螺丝起子转了起来，没费多少力气，螺丝钉就整根钻进木条里了。

智者笑笑说："硬碰硬一点都没有好处，说的人痛快，听的人生气，最后伤了和气，友谊变成仇恨。当你与别人谈话的时候，不如像螺丝钉一样，婉转曲折地表达自己的建议。"

学执行

有时候，最快达到终点的方法不是采用最直接的方式，而是迂回曲折。与人的沟通也是这样，你再有道理，说话却很直接，往往会招致对方的抵触，不一定听得进去。柔软的话在说之前要琢磨润色，会费一点脑筋，但是能够帮助你表达自己的意见，也更容易被人接受。批评的效果并不取决于言语的尖刻，而在于形式的巧妙，正如药片上的糖衣一样，如果我们能给批评加上一层糖衣，就能达到甜口良药也治病的目的。

小草和大树，看起来是大树强大，但狂风来了，大树会先被吹倒；牙齿比舌头坚硬，但人老了，牙齿掉光了，舌头犹存。

柔，一向是中国人的处世之道。天下最柔软的东西是水，水没有硬度、没有形状，但是以水来攻克坚硬的东西，却攻无不克，没有什么东西能承受得住。太极拳之所以无懈可击，正是因为借敌之力克敌，以柔克刚。柔，不代表无力，而是强调技巧。

太极思想，同样可以用于涉世之道。

马琴利任美国总统时，欲任命某人为税务主任，遭到许多民众反对，民众们还派遣代表晋见总统，要求总统说明任命该人的理由。

代表的脾气很大，暴跳如雷，但马琴利一言不发，任凭对方骂得声嘶力竭，之后才用平和的口气说："怒气平息了吗？照理来说，你无权过问我的任命，但是我仍然愿意详细解释给你听。"

从生活中留心观察，我们可以发现，人们通常比较尊敬那些说话温和、态度和善的人。所谓巧言柔言，就是语气亲切、音调柔和、含蓄委婉、态度平和。这样说话，容易使对方感到亲切愉悦，你想说的话也比较容易被对方听进去。

以硬碰硬，以刚制刚，往往会两败俱伤；迂回、间接、圆融的方式，也可以以理服人，既能达到沟通的目的，又不会留下隐患。

巧言柔言的感化力很强，但也有局限性。

没有原则、失去理智、吃硬不吃软的人，温言软语是没有作用的，对这样的人使用柔言，无异于对牛弹琴，甚至会助长其嚣张的气焰。因此，以柔克刚也要看对象，分场合，不能一概而论。

4

失败的汽车交易——用心聆听是沟通的前提

> 想使别人喜欢你,对你产生兴趣,就谈论别人感兴趣的事情。
>
> ——戴尔·卡内基,美国人际关系学大师

读故事

乔·吉拉德在美国被称为汽车推销之王,但他也有过失败的推销经历。

有一次,一位名人来找他买车,乔·吉拉德推荐了一款很好的车型给他。客户对车很满意,眼看就要成交了,客户却突然变卦,扬长而去。

乔·吉拉德整整郁闷了一个下午,明明是一次成功的推销,失败的原因是什么?他百思不得其解,终于忍不住打电话给那位名人:"您好!我是乔·吉拉德,今天下午我向您推荐了一款新车,眼看您就要签字,却突然不买了,方便请教一下原因吗?"

名人笑了笑,说:"在签字之前,我提到我的儿子考上不错的大学,我还说了他的成绩、运动能力以及将来的抱负,我以他为荣,但你却毫

无反应。我想，你根本没有用心听我说话。"

 学执行

在与人沟通的过程中，如果不能够认真倾听别人的话，又怎么能机警、巧妙地捕捉对方的反应，回答对方的问题？

这是影响沟通效果的一大障碍。

交谈是双向的实时互动，与别人交谈的时候，不仅自己要懂得如何说，更要懂得如何听。仔细倾听别人对你的反馈，就能确定对方有没有认真听你说话，是否了解你的意思，也可以看出对方关注的重点。

每个人都有一套自己的识别机制，能分辨出谁关心自己，谁不关心自己。这是一种本能，如果我们感到某人不关心自己，会下意识地认为对方有潜在的危险，或者感觉对方比较冷漠，这时自我保护功能就会开启，我们便会从内心自然而然地对这个人产生抵触和戒备心理。

善解人意是沟通的最高境界。善解人意的人，能够理解人、体谅人，有很高的人格魅力。

要成为一个善解人意的人，前提就是学会认真倾听，不认真听，怎么善解人意？要做到认真倾听，先要学会把话语权给别人。克制自己插话的欲望，不以个人价值观来评判对方的叙述，耐心听对方把话讲完，即使对方在发牢骚、抱怨，也要保持最大的耐心。

除此之外，尽量设身处地体验说话者的内心感受，做出由衷的反应，让自己的思维与对方说话的内容、节奏同步，积极思考，及时响应，沟通才会更有效益。

在人际沟通中，当一方感到另一方比较善解人意时，情感共鸣就容易出现，如果双方都能感到这一点，形成双向的情感共鸣，就更能进行深层次的交流；反之，如果别人觉得你并不真正关心他，即使你提出的

建议是最有效的，对方可能也无动于衷。

用心聆听，善解人意，最大的受惠者往往不是对方，而是自己。

 小贴士

善解人意的具体技巧。

❖ 注意对方的身体语言。全神贯注地聆听对方讲话，认真观察其细微的情绪与变化，并做出积极的响应。

❖ 用心聆听不等于一味沉默。沉默是为了给对方说话的机会，但一味沉默，很容易成为对抗性的沉默，使对方对自己的表述缺乏信任。点头、眼神交流、表情变化，都是响应的好方式。

❖ 总结。在谈话中，尽可能在适当的时间点做小结，澄清要点，概括中心，使对方感觉彼此的沟通交流卓有成效。

5

新来的服务生——有好的理解力才有好的沟通力

言不顺,则事不成。

——孔子,中国儒家创始人

读故事

小王赶着去上课,走到楼下才发现忘了把自行车的锁带下来,只好按自己家的电铃:"老弟,帮我把车锁拿下来!"

"厕所?"老弟呆了:"你自己不会上来吗?"

"我来不及了!"小王很急。

"学校不是有厕所吗?"

小王看看表,要迟到了,只好骑车去上课,回家之后不停埋怨:"帮个忙都不行,害我整天坐立不安。"

"呃……"老弟说:"随便找个地方解决不就行了?"

小王翻了个白眼,"被别人偷了怎么办?"

"有人偷那玩意?"老弟大惊。

"当然,上次就被人偷了,幸好后来找回来了。"

"……"老弟无法理解，有点头晕。

有好的理解力才能催生好的执行力，理解力往往是效率的最大保证，是决定执行力的关键因素，是促进良好沟通的最大利器。

现代社会，人与人之间的交往频繁，人际间的沟通，大半取决于个人的理解力。人们常说某人有悟性，能理解别人的意图，就是指某人有良好的理解力。

一个沟通高手，一定是具有良好理解力的人。

当上司交代事情的时候，很多人都会一直点头，但事情执行的结果，跟上司交代的常常有很大差距，根源就在于理解不到位。

我们在执行任何事情之前，务必要先弄清楚此事最终需要达到的目标和对方真正的意图所在，对方希望你经由什么途径达到什么目的，你就要以此为目标，把握好做事的方法和方向，千万不要一知半解就急着埋头苦干，否则将会是事倍功半，甚至徒劳无功——清楚理解后再去做一件事，胜过草率盲目地做十件事。

要获得良好理解力，需要一定的知识水平、心理学素养和社会阅历，当然也有一些是个人天赋。

要提升理解力，最重要的是提高自己辩证思维的能力。

第一，学会站在一个较高的角度观察和思考问题，不要老在局部打转，注意收集与大局相关的信息，更加透彻地理解任务的性质和要求。

在职场上，上司交代任务时，你参与的可能只是整件事情的一个环节，但如果不了解整件事的始末，很可能产生误解。所以，不妨想办法多了解一下，你在整件事中处于哪个位置。

第二，换角度思考。与别人合作或者完成上级交代的任务时，不妨想一想，如果你是对方，会希望自己如何处理事务，利用什么办法达到的效果最好。

人之所以具有对其他人的理解能力，根本原因就在于人类拥有共同的心灵本质。在这个共同的心灵本质下，能够对他人的境况感同身受，理解别人的内心感受和情绪。

天下无难事，惟用心而已。

 小贴士

想要提高理解力，可以从下列几方面训练。

❖ 重视他人的诉求。

❖ 随时随地观察人们的表情动作，推测其心理状态。

❖ 不要凭外表来看一个人。

❖ 如果对方的想法与自己完全不同，设身处地地思考其中原因。

❖ 想了解一个人，先收集他的个人资料，再观察他为人处事的准则。

❖ 谁都有情绪失控的时候，尽量不要因为这些因素干扰你的判断。

7 打造超级
团队执行力

团队执行力,就是全体成员做出反应并执行事情的能力。通俗一点说,就是用合适的人,做合适的事。

1

给别人留个缺口
——切忌凡事自己来

就算你浑身是铁，又能打几根钉？

——中国古语

 读故事

一位著名的企业家受邀演讲，有人问他，"请问你在打造事业的过程中，最成功的做法是什么？"

企业家拿起粉笔在黑板上画了一个圈，他并没有画完，留下了一个小小的缺口，然后反问大家："这是什么？"圈、未完成的事业、下一个目标，各种回答七嘴八舌。

等大家都安静下来，企业家才说："我从来不把事情做得很圆满，就像这个圆，一定要留个缺口，让其他人去填满它。"

学执行

在一个团队中，领导者事必躬亲，只会扼杀员工的智慧，这不但不

能提升团队执行力,还往往事与愿违,长久下来,员工容易滋生惰性,责任心大大降低。

人无完人,个人的智慧和能力是有限的,什么都管的人,最后只会什么都管不好。当你发现自己总是忙不过来,搞得狼狈不堪时,不妨思考一下:自己是否抢了本应该由其他人完成的事情?

创意、创新,只有在不断的实践中才能体现出来,而领导者事必躬亲,让下属完全听从指挥,就会斩断下属的创意,长久下来,整个团队就会丧失积极性。

个人的创造性不能在工作中得以体现,也就没什么成就感可言,越是有才华、有能力、有抱负的人,越会希望体现自身价值。工作模式如果总是令他们失望的话,难免会有一种压抑感,时间长了,要么做一天和尚撞一天钟,要么干脆辞职走人,另谋高就。

一个成功的管理者,应该为下属画好蓝图,之后留下空间,让他们尽情发挥自己的智慧。这既是对员工的信任和肯定,也能满足他们实现自我价值的精神需要。

赋予下属更多的责任和权力,他们会交出超出你期待的成绩。

诸葛亮极具雄才伟略,千百年来都是智者的象征,可是在用人行政方面,他却远远比不上曹操、孙权。"躬自校簿书,流汗竟日"——"校簿书"也就是校对文书,作为一国丞相,统领百官,日理万机,诸葛亮却是大小事一把抓,结果他死后,就连平庸的廖化都被委以重任——蜀中无大将,就是因为他事事亲力亲为而不善用人,自己太能干了,下属却没有机会磨练、施展才华。所以诸葛亮一死,蜀国的人才就青黄不接了。

公元234年,诸葛亮率军进行最后一次北伐,与司马懿在五丈原对峙。时间长了,蜀兵有些松懈,违犯军纪的人越来越多,诸葛亮却"夙兴夜寐,罚二十以上,皆亲揽",连打军棍的事情都亲自处理,以至于他"夜不安寝、食不甘味"。

司马懿听到这个消息，说："亮将死矣！"

作为大军统帅，司马懿知道军中有多少事要做，诸葛亮事必躬亲，哪有不被累死之理？不久之后，诸葛亮果然出师未捷身先死。

成功的管理者，往往是轻松自如的，因为他们善于把好钢用在刀刃上，这才是真正的管理之道。

《旧唐书》中，记载着唐太宗李世民对隋文帝杨坚的评价，可谓经典：

此人秉性极为精细，可是头脑并不明智。头脑昏暗，思考问题就会不通，太过精细，对事情就多有怀疑，所以他觉得天下人都不可信，凡事亲自决断，既劳心费力，又没有把事情全部办好；大臣们既然知道了皇上的心意，也不再敢直言不讳。天下这么大，事务如此繁多，怎么可能由一个人独自决断呢？

作为国君，李世民已经体会到：要成就一番大业，靠自己单打独斗是行不通的，必须善于借助别人的力量。

在历史上，像杨坚一样费力不讨好的领导者大有人在，而李世民的高明之处，在于他不但能够认清前人的谬误，还采取"选天下之才，为天下之务"的用人策略。这种英明之举，使他取得了贞观之治的杰出成就。

由此可见，作为领导者，只有充分借助各种人才的智慧和力量，使大家分工明确，各司其职，各负其责，才能发挥团队的最大作用——这样的领导方式比只信任自己的孤家寡人要高明得多。

大到一个国家，小到一家公司，善于借助别人力量的人，影响力大，人气旺盛，事业容易成功，成就也大；反之，殚精竭虑，终究难成大事。

　　管理者给员工一定程度的自主性,并不意味着对员工犯错不闻不问,听之任之。紧急的情况下,把越权指挥当作临时应急措施也未尝不可,但事后一定要听分工管理这个任务的下属通报情况,以免造成管理上的混乱。

2

不拉马的士兵
——不要试图滥竽充数

企业的使命和任务必须转化为目标,并将这些目标作为评估和奖励的标准。

——彼得·德鲁克,现代管理学之父

 **读故事**

炮兵军官视察炮兵的操练情况,发现一个奇怪的现象:操练时,大炮的炮筒下总是站着一个士兵,自始至终纹丝不动。军官不明就里,经过询问,才知道操练条例就是这样规定的。

原来,操练条例用的还是马拉炮时代的旧规则,当时需要有一个士兵站在炮筒下,拉着马的缰绳,防止大炮因为发射的后座力而产生距离偏差,减少再次瞄准的时间。现在大炮不用马拉了,条例却没有及时修改,所以出现了不拉马的士兵这个怪现象。

学执行

心理学家曾经利用仪器测量拔河比赛参赛者的拉力,结果显示,一人独拉,平均出力为六十公斤;三人合拉,平均出力减少到五十公斤;八个人时只剩三十公斤。也就是说,随着参与人数的增加,每个参与者使出的力量就逐渐减少。

这种人数越多出力就越少的现象,在缺乏个人奖惩机制的团队中表现得特别普遍,因为个人表现在团体中被匿名化,责任被稀释,个人奖惩与努力程度没有直接关系,基于人类好逸恶劳的本性,大家自然乐得轻松。

针对这个现象,美国畅销书作家史考特·亚当斯专门写了一本书,他说:"很多公司都有'他假装给我们工作,我们假装付他工资'的笑话。在团队里,尤其是在喜欢'大规模合作'的领导者手下,有些人认为摇头晃脑地充数,装模作样地工作,安安稳稳地退休,就是最好的策略。"

从企业管理的角度来说,滥竽充数是不可避免的,只要有集体行动,就会存在这种行为,原因在于团队成员各自的贡献不明,别人做事,我也做事,没有人在意工作效率,于是有人干活多有人干活少。但如果这种情况没有及时解决,团队的进取精神就会受挫。

如果每个成员都必须承担团队责任,就不会有人把团队责任当作自己的责任,就算任务没有完成,反正是大家一起受到惩罚,所以有人会滥竽充数,得过且过。想成为一个高效团队,必须避免这种情况发生。

这种滥竽充数的现象,大致成因有三种。

第一,在工作过程中,团队中的多数人可能无法形成对整体项目的全局性视野,只关注与自己相关的环节。

第二,缺乏工作激情。当任务时间较长,或者任务单调、重复性较高时,团队成员可能会进入精神疲劳状态。尽管从宏观来看,整体进度正常,但是团队的士气仍然会受到一定程度的影响。

第三,找不到改进方向。当工作陷入瓶颈,却找不到解决的办法,甚至找不到问题所在,整个团队就会进入焦虑期。

因此,优秀的管理者往往需要树立一个好的团队目标,再将团队目标分配给每个成员,一方面可以考核团队中各成员的工作表现,另一方面能让每个成员在各自的岗位获得成就感,或者发现自己的不足和弱势。只有每个成员都明确自己的岗位职责,才不会产生推托诿过、混水摸鱼等不良现象。

不拉马的士兵,不只影响团队绩效,更可怕的是会影响其他成员的心理,最终导致整体执行力下降。

如果每个人都士气高昂,向优秀者看齐,团队怎么可能不大步往前走呢?

三百六十度绩效评估,也称为全方位评估,目前被许多公司广泛使用。

传统的绩效评估,主要是上级对下级进行评估,这种评估通常带有片面性和随意性。

三百六十度绩效评估,则由与被评估者有密切关系的人,包括上级、同事、下属、客户和被评估者自己等,匿名对被评估者进行评估,然后由专业人员根据评估内容向被评估者提供建议,以帮助被评估者提高能力。

三百六十度绩效评估有利于员工之间的团结合作和相互监督,比传统的绩效评估更加客观和准确,也有助于杜绝团队中滥竽充数的现象。

3

神偷请战——让每个人都发挥一技之长

> 为治以知人为先。
>
> ——中国古语

读故事

　　楚国大将子发喜欢招揽各种有一技之长的人,其中有一个人其貌不扬,自称神偷,被子发待为上宾。很多人对此都不理解,认为两军对垒无论如何也用不到小偷。

　　有一次,齐国突然发兵进犯楚国,子发率兵迎敌。在强大的齐军面前,子发麾下的智士勇将,全都失去作用,交战三次、败战三次,子发万分焦虑,无计可施。

　　这时候,神偷主动请战,他在夜幕的掩护下潜入敌营,将齐军主帅的睡帐偷了回来,第二天一早,子发派使者将睡帐送还。

　　第二天晚上,神偷将齐军主帅的枕头偷了回来,天亮再由子发派人送还。

　　第三天晚上,神偷竟然连齐军主帅头上的发簪都偷回来了,子发再次派人送还。

齐军主帅大惊："如果再不撤兵，恐怕我的人头就要被偷走了！"于是，齐军不战而退。

每一个团队，都需要各种人发挥不同的作用。

一个成功的管理者，不在于他能做多少事情，而在于他能不能了解每个成员的优缺点，在适当的时候派适当的人去做适当的事情。用人不当，事倍功半；用人得当，事半功倍。这并不是一件容易的事，管理者需要在工作中不断观察、考核自己的员工，即使像林肯总统这样的伟人，也在任命了三位总司令之后，才找到满意的人选。

清朝政治家曾国藩就是一个善于识人用人的领导者，他广纳人才，凡是有一技之长者来投奔，他一般都会收进麾下，慎重用人，让每个人都能在最合适的岗位上发挥一技之长。

曾国藩手下曾经有一个人，很会写蝇头小楷，一天可以写一万多个字，曾国藩认为这是一个人才，给他三十两银子的月薪。

有人有意见了，说："我们这里写文章的人也不过领三十两银子，他不过是一个誊抄员，不值得发这么多钱给他吧？"

曾国藩说，"我有那么多的公文，谁能当天给我写好？谁有这个本事，我就发三十两银子给他。"

看到一个人的真正才能，把他放到合适的地方，就是曾国藩用人的最大特点。

美国柯达公司制造一种感光材料时，需要有人在暗室里操作，但视力正常的人极度不适应完全黑暗的环境，工作效率很低。针对这种情况，公司高层突发奇想，招聘盲人进入暗室工作，结果工作效率大大提高。将人的短处变为长处,这是一种更善于用人的做法。

作为一个管理者,要有容人之量——或者说容人之智更恰当。管理者要学会容忍他人的短处,不苛求员工成为完人或全才,只要用对人,缺陷也能变为优势。有些拙劣的管理者总是喜欢盯着下属的短处,挑下属的纰漏,希望每个人都能尽善尽美。事实上,只有当一个人的短处影响到长处发挥的时候,管理者才应该考虑如何予以限制或帮助。

美国的艾森豪威尔将军缺乏战略知识和全局意识,但他有着相当高明的组织策划能力,他的上司马歇尔就派专人予以辅佐,以弥补艾森豪威尔自身的缺失和不足。每个人都希望用自己的能力来证明自身价值,给下属更大的空间去施展,就是对下属最大的尊重和支持。千万记得,不要总盯着他们的缺点而忽略了长处。

雄鹰就该翱翔于广阔的天空。下属的成长,将为团队带来更大的贡献。

 小贴士

善于用人的五个关键词。

❖ 识人:发掘人才。

❖ 爱人:人才是团队的核心竞争力,管理者珍惜爱护人才,才能培养造就人才。

❖ 用人:取其专长,扬长避短;容人所短,方能用人所长。

❖ 养人:管理者要搭建人才施展的平台,提供人才成长的土壤,形成人才激励的机制。

❖ 聚人:集合众智,无往不利。

4

拿破仑和落水男孩
——适当的鞭策很重要

骏马是跑出来的,强兵是打出来的。

——中国俗语

读故事

有一次,拿破仑到野外打猎,看到一个男孩在河里拼命挣扎,高呼救命。拿破仑看了看,河并不宽,他举起猎枪对准男孩大喊:"如果你不马上爬上来,我就一枪打死你!"

男孩大惊,拼命游动奋力自救,终于上岸。

学执行

对待一些上进心不强,自觉性比较差的员工,一味为他创造良好的环境,帮助他,教育他,并不一定能取得好的效果。管理者偶尔利用权威警示他们,加以适当的批评和惩罚,会消除他们消极散漫的心态,激发出他们的斗志和潜力。

美国总统林肯小时候和他的哥哥在农场里犁玉米地，林肯赶马，哥哥扶犁。

马本来一直磨磨蹭蹭、走走停停，没过多久，突然走得飞快。林肯很奇怪，看了看，发现一只很大的马蝇在马身上叮咬。林肯打落马蝇，他的哥哥抱怨，"为什么要打掉它？马能跑起来都是它的功劳。"

林肯深受启发，后来提出管理学中的鞭策法则，马蝇效应：再懒惰的马，只要身上有马蝇叮咬，就会飞快奔跑，试图摆脱疼痛。

外界环境的变化会影响个体的行为，一个人只要被叮咬，就不会松懈，而会努力拼搏，不断进步。

在团队管理工作中，马蝇效应不失为高明管理者的一种有效工具。一个管理者的最大成就，莫过于构建并统领一支具有强大战斗力与高度合作精神的团队，不断挑战更高的目标，创造更大的业绩。

马蝇效应，其实是激励管理中的一种负激励，比如批评、处分、经济处罚；正激励比如表扬、赞赏、奖金等。

越有能力的员工越不好管，因为他们的期望会更多。如果得不到想要的东西，要么跳槽，要么捣乱。要想让他们安心卖力工作，必须要有能够激励他们的东西。

团队的领导者激励员工，并不是凡事都以"爱"为手段进行管理。管理者应该以诚心善意对待下属，帮助他们成长，矫正他们的错误，但是不见得都是给胡萝卜，棒子也是管理的工具之一，最高明的领导，往往能做到二者兼施。

用刚硬的方式来激励，多半建立在惩处的基础上；以柔婉的方式来激励，则偏重于情谊。柔，是用真诚的爱心，使对方自己生出奋发的意愿；刚，具有短时间的爆发力，可以作为非常时期的非常手段。刚硬之后再以柔婉安抚，更能得人心。如果难以判断惩罚员工的程度，最好从轻处理；如果难以判断奖励员工的程度，则应该从优奖励。刚柔并济，重点不在惩罚，而在教化。

麦当劳有一套非常优良的员工激励机制。为了激发员工的工作热情，给勤奋上进的人提供晋升机会，公司规定，表现出色的新人，在麦当劳工作八到十四个月后可以成为一级助理，同时，无论管理者自身多么优秀，如果没有自己职务的接班人，在公司里将无法升职。这个政策，保证了麦当劳的管理人才不会青黄不接，事关个人前途，每个人也都会尽力培养接班人，并为新人提供源源不断的成长机会。

不同的人想要的东西不一样，有的人看重精神层面，比如荣誉、成就感；有的人看重物质，比如金钱奖励。针对不同的人，要对症下药，用不同的方式去激励，总之，就是想方设法让马儿迅速奔跑。

小贴士

❖ 如果你是循循善诱、善于揣摩人心的管理者，可以试着找员工谈心沟通。

❖ 行动永远比言语更有力，为高傲的员工树立一个典范，让他们看看一个有执行力的人怎样处理问题、实现团队目标。

❖ 有些员工争强好胜、进取心强，在分配任务的时候，不妨用点激将法，用简洁有力的话语刺激他："这个任务对你来说有困难吗？"

❖ 对于自负、不把工作伙伴放在眼里的员工，不妨对其适当冷处理，让他体会到个人的力量是微不足道的，然后适时鼓励其发挥专长，保留他的自尊。

5

长勺子吃饭——内耗是地狱，合作是天堂

人们在一起可以做出一个人做不出的事业；智慧＋双手＋力量，几乎是万能的。

——珍·韦伯斯特，美国作家

读故事

一个人死了之后见到了上帝，他说："听说天堂未必好，地狱未必坏。"

上帝先带这个人去了一个地方，这里的每个人都骨瘦如柴，原因是这些人的餐具都很长，几乎是手臂的三倍，无论他们如何调整角度，都无法把食物送到自己口中。

上帝说："这就是地狱，我再带你到另外一个地方看看。"

另一个地方的人用的餐具与地狱一样，但是他们互相喂食，所以人人满面红光、身体健壮，皆大欢喜。

上帝说："这就是天堂。"

团队,是为了实现目标而由个体组成的正式群体;团队合作,是一种为达到既定目标而产生的合作,它可以调动团队所有成员的资源,发挥集体的才智。如果团队合作是出于成员的自觉自愿,将会产生一股强大而且持久的力量。

在现代社会,团队合作就是竞争力。单打独斗的时代已经结束了,随着竞争的日益激烈,管理者更愿意强调团队精神,建立群体共识,以达到更高的工作效率,特别是遇到大型项目或者重要工作时,任何人想凭借一己之力去取得卓越的成果,都会非常困难。

2004 年,湖人队拥有 NBA 历史上最豪华的阵容:"小飞侠"科比、"侠客"欧尼尔、"邮差"马龙、"手套"佩顿等明星球员,每一个位置上的球员,几乎都是全联盟最优秀的,再加上传奇教练"禅师"杰克逊,在许多人眼中,这是 NBA 历史上最强大的球队之一。

而湖人队的对手,是 14 年来首次打进总决赛的活塞队,这是一支缺乏大牌明星的平民球队,决赛前,没有人相信活塞队能够坚持到第七场,更不要提在总决赛中取胜了。

如果真是这样,这个故事就没什么可讲的了,最终结果出乎所有人的意料,活塞以四比一击败湖人。并不是发生了什么奇迹,湖人的失败有其原因:欧尼尔和科比两人都觉得自己才是球队领袖,各自在比赛中单打独斗,丝毫没有配合;而马龙和佩顿是为了总冠军戒指才来到湖人队的,无法融入整个团队,自然无法完全发挥作用。

在团队的组建过程中,管理者往往竭力在每一个岗位上都安排最合适的员工,然而,众多精英共处一个团队之中,有时反而会产生内耗和冲突,最终的效果还不如个人的单打独斗。在这种情况下,1+1 不仅不会大于、等于 2，甚至还会小于 2。

从管理学的角度看，《西游记》中的唐僧师徒组合，不能算是一个合格的团队。其成员要么优点或缺点过于突出，难以管理，要么缺乏主见和能力，过于平庸。但就是这一群对团队精神一窍不通的几个人物，却克服了种种困难，最终完成任务。

其实，换个角度来看，唐僧师徒四人也算是一个独特的团队。

作为团队领导者，唐僧对团队目标抱有坚定信念，在实现目标的过程中，以博爱和仁慈不断教诲和感化徒弟。

孙悟空，是团队中的明星员工，却也是最大的不稳定因素，虽然能力出众，人脉广阔，但桀骜不驯，喜欢单打独斗。不过，他对团队成员有着难以割舍的深厚感情，同时有一颗不屈不挠的心，为达成目标竭尽全力。

猪八戒，好吃懒做，经常成为挨骂的对象，但他对于团队间的承上启下有着相当重要的作用，他个性随和，是团队中的沟通桥梁，是唐僧和孙悟空之间最好的润滑剂。

沙悟净，在团队中负责其他人不做的基础工作，任劳任怨，从不抱怨，也不邀功争宠，是唐僧的忠实追随者，每个稳定的团队，都不能缺少这样的员工。

团队中的每个成员，都有自己的个性，这是无法改变的。组建团队的艺术就在于根据成员个性和特长安排岗位，使所有人彼此互补，成为一个高效的团队。

打造一支高效的团队，绝非一朝一夕之事，需要每位成员的努力和不断磨合，最重要的一点是，每个成员都要有团队合作的意识。

在合作中，最基本的事情就是把自己的任务完成。团队的任务是分工的，只有把自己的事情做好，才不会给别人带来麻烦，才能去帮助其他成员，加快工作进程。

一个团队只有在彼此信任的氛围中才有可能高效地工作,既然是合作,总有一些任务要依赖他人,猜忌的气氛会令成员不能全心投入工作,也不利于大家发挥工作能力,更别提互相理解和支持了。

亲和力对团队合作来说也是很重要的。遇到问题,先从别人的角度想一想,看看怎样才能让别人更方便,这样的人亲和力很高,在团队中会很受欢迎。一个和谐的、高效的团队,成员必须学会迅速而心平气和地承认自己的错误,同时乐于认可和学习别人的长处。

一个卓越的团队,不需要管理者时刻提醒成员尽力工作,因为每个人都很清楚自己要做什么,他们明白,多付出并不是坏事,多做一些,可以让团队的工作进展更快。

团队的核心是领导者。领导者,是一个从全局角度把握整个团队方向的人,作为一个领导者,最重要的是打造团队的凝聚力。说话时多使用"我们"开头,尽量少使用"我、你、他"或者直呼姓名,同时鼓励团队成员也这样做,这可以帮助成员形成集体意识,让他们多从团队的角度思考。

一个人一旦觉得自己不重要,就会失去激情,导致工作效率和执行力显著下降。作为领导者,要让团队中的每一个人都感到自己很重要,他们更有成就感,也就会更有责任感。

单独的人是软弱无力的,与他人合作才是成就事业的基础。天时不如地利,地利不如人和,良好的合作意识和团队责任感,是成功的最佳助力。

小贴士

❖ 坚定不移:团队目标必须明确清晰,才能让每个成员坚定不移地努力。

❖ 良性冲突：团队合作最大的阻碍，就是害怕发生冲突。事实上，有些冲突能够将需要解决的重大问题显露出来，如果及时解决，问题就不会变得更加棘手。

❖ 彼此负责：承担责任看似简单，实施起来却很困难。不够优秀的团队，通常会互相推诿，甚至在背后互相扯皮，这些行为不仅破坏团队士气，也让本来容易解决的小问题变成大问题。

8 确保有力执行的正确理念

　　打造执行力文化，不是在墙上贴上标语就行，而是把有利于执行的理念深植于每个人的心中。这也就是"责任"和"责任感"的差别：责任是对任务的承担，责任感则是一个人对待任务的态度。责任是有限的，责任感则是无价的。

1

空包弹风波
——责任感是执行的动力

责任心决定生活、家庭、工作、学习的成功和失败。

——列夫·托尔斯泰，俄国作家

读故事

某天下午，日本东京东武百货公司的一名售货员彬彬有礼地接待一位来买手机的女顾客。当时，售货员为女顾客挑选了一款手机，但稍后整理商品时发现，原来女顾客拿走的是样品机，售货员立刻向公司警卫做了报告，警卫马上四处寻找那位女顾客，但是一直没找到。

百货公司经理马上召集有关人员研究，只知道女顾客名叫基泰丝，是一位美国记者，留下一张美国快递公司的名片之外，没有其他线索。

于是公关部连夜打电话向东京各大酒店查询基泰丝这个人，毫无结果；又打电话向美国快递公司日本大阪总部查询，直到深夜，才得知基泰丝父母在美国的电话号码。接着，公关部打国际电话找到了基泰丝的父母，进而知道了基泰丝在东京的住址和电话。

第二天一早，东武百货公司打电话给基泰丝表示歉意，随后副经理和公关人员前往基泰丝的住处，为基泰丝送去手机，还加送了百货公司礼券、蛋糕一盒、毛巾一套。

基泰丝对于百货公司怎么找到自己感到相当好奇，询问之下，深受感动，为此专门写了一篇名为《三十五通紧急电话》的特稿。

文章发表后，引起社会很大反响，东武百货公司也因此声名鹊起，门庭若市。这个故事也被美国公共关系协会推荐为世界性公关行动的典型案例。

学执行

做一项工作，就意味着担负一份责任，每个人都应该对自己的工作充满责任感。责任感的强弱，决定一个人对待工作是尽心尽责还是敷衍了事，决定人生是积极进取还是浑浑噩噩。如果在工作和生活中，对待每一件事都有充足的责任感，这个人就会赢得足够的尊敬和成就。

金融风暴时期，某公司裁员名单中有行政部的阿芳和莉莎，她们一个月后就得离职。

想到一个月后就要失业，阿芳情绪低落，什么也干不下去，一会儿找同事哭诉，一会儿向上司抱怨；莉莎的心情也好不到哪去，可是难过归难过，她还是继续工作。

同事们知道莉莎要离职了，不大好意思再请她做事，莉莎反而特地和大家主动要事情做，她说："就剩一个月，以后想在这里工作都没机会了。"

一个月后，阿芳掰掰，而裁员的名单中却少了莉莎的名字，不仅如此，主管还当众告诉大家："莉莎这样的员工，公司永远也不嫌多。"

当我们对工作充满责任感时，就能从中学到更多的知识，积累更多的经验，在全心投入工作的过程中找到快乐。反之则可以肯定，当懒散敷衍成为一种习惯时，做事就会不踏实，长久下来，人们会轻视你的工作质量，从而轻视你的人品。

工作，是生活的一部分，随便应付工作，不但没有效率，还会使你的能力逐渐降低。

责任感，是一种强大的精神力量，使人们有勇气排除万难，甚至完成原本不可能完成的任务。没有责任感的人，即使是做擅长的工作，也会做得一塌糊涂。勇于承担责任、心怀强烈责任感的人，才有可能被赋予更多的使命，得到更多的机会。

男孩打电话给某家的太太，问："请问您需不需要割草工？"

太太说："我已经有了一个割草工。"

男孩说："我会把草丛中的杂草拔得干干净净。"

太太说："我的割草工拔得很干净。"

男孩又说："我会把通道附近的草割齐。"

太太说："我的割草工也这么做了，谢谢你，我不需要新的割草工。"

男孩道谢，挂断电话。男孩的朋友问他："你不就是那家的割草工吗？"男孩说："我只是想知道我做得够不够好。"有没有问过自己做得够不够好？这就是责任感。有没有责任感是成功者和失败者的分水岭，有责任感的人无论做什么工作，都力求尽心尽责，不会有丝毫的轻率疏忽。

中国武汉市鄱阳街有一座六层楼房，叫作景明大楼，建于 1917 年。在 1997 年的一天，一封邮件从远隔重洋的英国寄到了景明大楼——当年的设计事务所告知："景明大楼为本事务所 1917 年设计，使用年限为80 年，现已到期，如再使用为超期服役，敬请业主注意。"

八十年，设计者应该已经不在人世了吧？这栋建筑度过了漫漫八十个春秋，竟然还有人为它操心，怎能不令人肃然起敬呢？

列夫·托尔斯泰说："一个人若是没有热情，他将一事无成；而热情的基点正是责任心。"

当一个人富有责任心时，会形成真正的自我，同时也会开始立志，扩大自己的影响力与应尽的义务范围。责任感犹如桥墩，可以支撑起千钧重的桥梁。

社会学家戴维斯说："放弃了自己对社会的责任，就意味着放弃了自身在社会中的生存机会。"推诿责任，没有责任感，是步入自我毁灭之路的一种表现。

责任感是一种人格操守，它建立在对生活的勇气和热情上。

生活是美好的，创造美好生活的人，正是那些富有责任感的人。

小贴士

❖ 责任感必须培养，也完全可以培养。注意细节，有助于责任感的养成。比如店员每天擦拭货架上的灰尘，司机让车子每天保持整洁，渐渐地就会习惯成自然。

❖ 责任感成为习惯，就会变成一种生活态度，你会自然而然地担负责任，而不是刻意去做。当一个人自然而然地做一件事情时，就不会觉得厌烦。

❖ 当你意识到责任在召唤你的时候，你离成功就不远了。

② 前无古人车尾灯

前无古人车尾灯
——该决断时就决断

> 如果一个人永远徘徊于两件事之间，对先做哪一件犹豫不决，那他一件事情都做不成。
>
> ——威廉·沃特，美国作家

读故事

有一套家具，在展场展示了几个月都无人问津，好不容易有一位顾客似乎对这套家具有些兴趣，希望可以打折，他问销售员，"八万卖不卖？"

家具的原价是十万，可是老板只给了销售员一成的浮动许可。顾客很固执，销售员很为难，想打电话请示，却找不到老板，于是这笔生意泡汤了。

几天以后，销售员向老板汇报了这件事，老板有些不悦："这套家具已经很难脱手了，难道你不知道？别说八万元，就算七万元你也应该卖的。"

销售员有点委屈，老板笑了笑，请他去阳明山吃山产。销售员开车上山，天气不大好，能见度不高。老板突然问："在这样的大雾里开车，看不清路况，怎么开才安全？"

销售员说，"跟着前面车子的尾灯就好。"

老板沉默了一下，问，"如果你是头车，该跟着谁的尾灯呢？"

学执行

每个人在一生中都要做出成千上万次的决断，有些微不足道，有些却意义重大。

你做出了多少次正确的决断？你是否对真正重要的事情做出了正确的决断？

决断能力，决定了生活质量，人生成功与否的衡量标准，就是所有决断的总和。

华裔计算机名人王安博士，他六岁那年发生的一件事，影响了他的一生。

那一天，小王安捡到一只小鸟，他想养这只小鸟，就把小鸟带回家。走到门口，他忽然想到母亲不允许他养小动物，就先把小鸟放在门外，进屋向母亲恳求。

母亲答应了，小王安兴高采烈地跑到门口，却发现小鸟不见了，旁边有一只野猫，正意犹未尽地舔着嘴巴。

这件事情，给小王安一个教训：犹豫，可以降低犯错的机率，却也可能让人失去成功的机遇。

大学毕业之后，王安自创王安计算机公司，经过十年多的努力，王安计算机在全世界 60 多个国家设立了 250 多间分公司或工厂，成为国际性的企业集团，1982 年《福布斯》美国前十名富豪排行榜中，王安名列第五。

选择是一件很难的事。在鱼与熊掌面前，许多人总是犹豫不决，但徘徊不定，于事无补，一旦错失良机，只会带来更大的困扰。

米开朗基罗为一座教堂的屋顶绘画，画作已经接近完成，他却不太满意，郁闷中走进一家酒馆。正巧有一位酒客抗议酒已经发酸了，酒馆老板立刻拔掉所有酒缸的软木塞，当场宣布："酒酸了，就倒掉！"

听到这句话，米开朗基罗立刻飞快跑回教堂，将画好的图全部清掉，按自己的新构想重新开始，终于完成举世不朽的名画。

优柔寡断，是一个人成功的大敌。患得患失，不会得到机会，只会得到后悔，当机立断，不受其乱。但是，有这种魄力的人并不多，有很多人，甚至没有为一生中的任何重要事情做过决定。

为什么会优柔寡断？

因为选择的时候，你没有看清事情最重要的意义。

找出你最迫切的问题，并做出决定，什么决定都可以——即使决定是错误的，也胜过没有决定。人生中最宝贵的经验就是错误的决断，有了错误的经验，之后做出正确决定的机率才会越来越高。

像墙头草一样摇摆不定的人，在人生的路途上，很容易被坚定的人挤到一边。拥有再高的智商，也不如拥有果敢的判断力。

智力向来不是成功的决定因素，世界上到处都有才华横溢的穷人，像比尔盖茨一样聪明却一事无成的人比比皆是。

良好的决断力，必须满足两个要求：不能鲁莽，不能耽搁。

决断力并非单纯的心态问题，决断者必须能够克服重重的心理障碍。

缺乏决断素质的人，在巨大压力面前容易头脑短路，思维能力在瞬息变幻的形势面前，无法胜任决断需求，于是很多人干脆放弃缜密的思考，进入赌博的心态。也有些人会在选择面前无法进行有效的逻辑推理，失去自信，异常迟疑。要有良好的决断力，必须有良好的判断力和意志力，睿智与坚定完美结合，也就是所谓的英明果断。

在战场上，指挥官的决断关系到战役的成败；在人生的竞赛中，很多人丢盔弃甲，仅仅是因为一瞬间的延误和犹豫。

成功者不一定是做出正确决策的人，但绝对是敢于决断的人。

 小贴士

六步培养决断力：

❖ 锁定问题：了解问题，才能做出正确决断，否则不仅无法解决问题，还可能产生新的问题。

❖ 确定结果：问问自己，如果做了这个决定，最好的结果是什么？最坏的结果又是什么？

❖ 信息整理：信息不是越多越好，过多的信息只会对判断造成干扰。依信息与目标间的关联性，判断哪些信息是你需要的，哪些可以忽略。

❖ 考虑方案：事实上，很多事情不是没有解决方法，而是因为考虑得太多，结果什么都不可行。

❖ 筛选方案：每一种方案的优缺点是什么？可能造成的正反面结果各是什么？这些选择方案是否符合你设定的预期目标？

❖ 确定方案：确定方案时，也许会有某种程度的妥协，但是必须分清楚正确与错误的界线。

3

每天甩手三百下
——最想放弃时最不能放弃

使我达成目标的唯一力量，就是我的坚持。

——巴斯德，法国化学家

读故事

学生问苏格拉底，"老师，怎么样才能像你一样拥有博大精深的学问？"

苏格拉底说："很简单。尽量把胳膊往前甩，然后再尽量往后甩，每天甩三百次。"

学生们都笑了，原来当一个哲学家是这么简单的事情啊。

一个月以后，九成的人继续每天甩手。

又过了一个月，只剩下八成的人还在甩手。

一年之后，苏格拉底说："每天还坚持甩手三百下的人，请举手。"

只有一个学生举起手，他后来果然成为了哲学家，他的名字叫柏拉图。

学执行

行百里者半九十，做事越接近成功就越困难，要完成最后百分之十，要比以前付出更大的努力。很多人就输在没有坚持到最后一刻，在胜利就要到来之际，却因为各种原因——意志不坚定，毅力不坚强，丧失了勇气，失去了希望，放弃了。

成功与失败的区别在于行动力的强弱。想要成功，确定了目标和方向之后，剩下的事情就只有坚定不移地前进。

很多成功者，并不全是先天资质异于常人，有的甚至不如普通人，但他们的毅力都是非常强韧的。

有人说，在同等条件下，成功与失败取决于意志。心理学研究也证明，有大成就的人，都比普通人要来得自觉、果断、坚持、自制。越艰难的目标需要的时间越长，最大的考验，当然就是坚持。

在订定目标和执行之初，我们都是踌躇满志，充满干劲的，但目标遥遥无期，过程中也会经历很多挫败，这个时候，很多人坚持不住，但，如果这时放弃，以前的努力都等于白费了，也许只要再坚持一下，就有可能柳暗花明又一村。

坚持不是原地踏步，而是在逆流中前进，积极争取，而不是无奈等待。黎明前的一刻，是一天中最黑暗也最阴冷的时刻，也许你正在黑暗中摸索前行，但紧接着就能迎接美丽的朝阳。

英国作家约翰·克里西，一生中一共收到743封退稿信。对于一个立志写作的人来说，这绝对是个沉重的打击。

"不错，我正在承受人们所不敢相信的失败考验。"约翰这样告诉别人："但如果我就此罢休，所有的退稿信都将变得毫无意义。可我一旦成功，每封退稿信的价值都将重新计算。"

到逝世时为止，约翰一共出版了564本书，因为他坚持下去，所以无数的挫折变成了惊人的成就。

马丁·路德说过："可以接受有限的失望，但是一定不要放弃无限的希望。"

希望是美好的，只有坚持，才能把希望变成现实。人人都渴望成功，成功的人却不多；不是没有机会，也非缺乏能力，而是缺乏坚持。坚毅的人，不论失败过多少次，最终都能达到目标。

不屈不挠的坚持，是一场盛大的考验，经得起考验的人，最后都能获得丰厚的回报。

其实，坚持很难，却也很容易。

只要愿意，人人都能坚持；但真正坚持下来的，终究只是少数人。

国学大师王国维非常诗意地总结了成就事业的三个境界："昨夜西风凋碧树，独上高楼，望尽天涯路。""衣带渐宽终不悔，为伊消得人憔悴。""众里寻他千百度，蓦然回首，那人却在灯火阑珊处。"能够做到第二境界的人很多，但要想达到第三境界，却不简单。

取得成功后回望来路的人，才会真正领略这三重境界的涵义，也只有如此，才会觉得没有虚度年华，生命充满价值。

④ 感受整个世界的声音
——保持一颗热情的心

成就伟业的唯一途径,就是热爱自己的事业。如果你还没
找到热爱的事业,跟随自己的心,继续寻找。

——乔布斯,苹果公司创办人

 读故事

伊芙琳·格兰妮,世界上第一位女性打击乐独奏家。

格兰妮八岁开始学习钢琴,不幸的是,她的听力逐渐衰退,医生断定她十二岁就会彻底失聪。可是格兰妮对音乐的热爱却没有因此停止,由于耳朵听不见,她只好穿着长袜演奏,这样就能透过身体感受每个音符的震动。

为了成为打击乐独奏家,格兰妮向伦敦皇家音乐学院提出申请。伦敦皇家音乐学院从来没有收过失聪的学生,所以一些教师反对格兰妮入学,但是格兰妮凭着自己的演奏征服了所有人,顺利入学,并且在毕业时获得学院的最高荣誉奖。

"从一开始我就决定了。"格兰妮说,"一定不要让其他人的观点,阻

挡我成为一名音乐家。"

学执行

一个人对某项事物具有浓厚的兴趣和极度的热爱,对未来充满信心,因而表现出一种高度振奋、全心投入的态度,这就是热情。

有人认为,从一个人对事业的热情程度,就可以看出将来的发展。

热情是一种内心的光辉,是一种炙热的精神,如果将这种特质注入奋斗之中,无论遇到什么样的困难,都将无所畏惧。

大部分的人都认为,应该先设立伟大的目标,然后为了实现目标而做相关的筹备和努力。但是,伟大的目标不一定能燃起你最大的热情,而一旦没有了热情驱动,就很容易被挫折挑战击倒。

热情,是全球化竞争下最需要拥有的能力。现在的人可以打破疆界,从全世界各地来跟你抢工作,如果你对这件事无所谓,另一个人的热情却比你多十倍,你怎么可能赢过他?

最容易成功的目标,是你最有热情、做得好并且愿意去不断学习的事情。没有热情,就无法产生伟大的创造,更不可能在事业上达到极致。

乔布斯经营苹果计算机,又做电影,看起来是完全不相关的两个领域,他是如何办到的?

他说:"那是因为我很爱美的设计,想要传达出去。"

不妨想一想,当你还是一个小孩的时候,长大后最想做的事情是什么?

做你所爱!

去寻找一个能给你的生命带来意义、价值,并且让你感觉充实的事业。这不仅对你的健康和寿命有益,而且即使在你处于困境时,你也会感觉良好。

在每周一的早上，你能不能利落地起床，并且对今天的工作充满期待？如果不能，你该换工作了。

人若不全心投入，就不能得其真髓；疯狂地干自己最想干的事，投入百分之百的热情，把工作当成休闲和娱乐，并乐在其中，才能取得惊人的成就。

钢铁大王卡内基的办公室里挂着一块牌子，上面写着一首诗歌：

> 有信仰就年轻，疑惑就年老；
>
> 有自信就年轻，畏惧就年老；
>
> 有希望就年轻，绝望就年老；
>
> 岁月使你皮肤起皱，但是失去了热情，就损伤了灵魂。

每一个致力于成功的人，都应该将这句话谨记于心。热情是我们身体内部的力量之源，我们可以用它来完成我们期望的一切。保持热情，会使我们青春永驻，更会让我们尽享生活及工作的乐趣。

❖ 以崭新、充沛、活泼的方式去思考，这会让你的热情永不衰减。

❖ 想象自己是一个充满朝气、有活力而且奋发向上的人。常常这样想，你就会真的变成这样的人。

❖ 每天抽出一点时间，大声激励自己；我们的潜意识会接受这些一再重复的建议，这种做法能使你的心态从消极转变为积极。

5

渔夫怒斥空船——抱怨是一种无价值的行为

人与人之间只有很小的差异,但这种很小的差异却往往造成了巨大的差异;很小的差异,就是心态的积极与消极,巨大的差异则是成功与失败。

——拿破仑·希尔,美国作家

读故事

渔夫划着小船去另一个村子给朋友送鱼,那天烈日当头,酷热难忍,渔夫又热又累,汗流浃背,苦不堪言。

突然,有一艘小船顺流而下,迎面向渔夫的船快速驶来,眼看两艘船就要相撞,那艘船却没有闪躲的意思,渔夫放声大吼:"混蛋! 让开! 赶紧让开! 再不让开就要撞上了!"

大喊大叫完全不起作用,渔夫手忙脚乱地转过自己的小船,但为时已晚,那艘船还是重重地与渔夫的船撞在一起。

渔夫火大了,厉声怒吼:"你瞎了? 河这么宽,偏偏要来撞我!"

对面的小船还是悄无声息,渔夫觉得有点奇怪,怒目看向那条小船，却惊讶地发现，小船上竟然没有人。

 学执行

生活里也有很多的空船，就算你发怒责骂，空船也不会因此而改变航向。

没完没了地抱怨，除了弄坏自己的心情，并不会改变事情的结果，于是你成了唯一受到伤害的人，而且你自己还在不断地把伤口挖大。

对别人抱怨，就像是用针戳气球，自己没什么改变，别人则会泄气。

当然，抱怨是人之常情，心情不好的时候，你当然可以说说你的烦恼。然而，抱怨的不可取之处在于，很多抱怨的人都认为自己没有错，是社会或者别人太不公平。

人们之所以愿意与乐观的人交往，是因为欣赏他们的超然和坚强。生活需要信念、勇气和信心，这些乐观的人都具备了，他们在自己获益的同时也激励了别人。和乐观的人在一起，你会觉得困难不是困难，而是一种挑战，乐观的人就像冬天的太阳，令人感到舒适和温暖。

相反地，牢骚满腹，不仅不能解决问题，还会失去朋友，让生活变得更无趣。抱怨的人变本加厉地继续抱怨，因为他们不知道人生有许多简单的方法可以拨乱反正，适时缄默就是其中的真谛之一。

少妇陪着丈夫在沙漠里的陆军基地里驻扎，丈夫每天都要去沙漠里演习，她一个人留在军营中的小房子里。

天气热得令人难以忍受，附近只有不会说英文的墨西哥人和印第安人，少妇非常寂寞，也非常难过，于是写信给父母，抱怨沙漠里的生活。

父亲的回信只有两行字：

从牢中的铁窗望出去，有的人看到了泥土，有的人却能看

到星星。

少妇感受到了什么，决定要在沙漠中找到她的星星——她开始与当地人交朋友，他们的友善使她非常感动；她开始研究仙人掌，观察土拨鼠，欣赏沙漠的日出日落，寻找沙漠里的海螺化石，原来难以忍受的环境，变成了蕴藏宝藏的奇景。

沙漠没有改变，墨西哥人和印第安人也没有改变，但是少妇的心态改变了，一切也就随之改变了，恶劣的情况变成了有趣的探险，少妇每天都因为新的发现而兴奋不已，还为此写了一本书。

心理学家统计，每个人每天大约会产生五万个想法。一个乐观的人，能够把这五万个想法转换成正面的能量和动力；一个悲观的人，则会放任五万个想法全部变成负面的情绪、障碍、阻力。

想要改变自己的生活和境况，只能靠自己的双手，而不是口舌，抱怨的人在抱怨之后，非但没轻松，心情还会变得更糟。

放下就是快乐，停止你的抱怨吧，那是很重又毫无价值的垃圾。

 小贴士

毁掉人生的不良心态：

❖ 畏惧：缩头缩脚，不敢接受任务和挑战。

❖ 愤怒：因为假想敌或者莫名的原因而产生极大的怒气。

❖ 冷漠：事不关己，高高挂起。

❖ 紧张：身体和情绪焦虑不安。

❖ 忧虑：对可能出现的问题感到寝食难安。

❖ 敌意：与他人对立或反抗，或者对人有着过于强烈的厌恶感。

❖ 嫉妒：对别人的成就或优秀心生不满，甚至感到气愤。

❖ 贪婪：无节制地追求享受。

巴顿将军的人才观
——借口的代价无比高昂

> 如果你能自己绑鞋带，你就有上天摘星星的机会。
>
> ——格兰特纳，美国成功学家

读故事

美国名将巴顿将军在提拔人时，会把所有候选人排到一起，让他们挖一条壕沟，八英尺长，三英尺宽，六英寸深。

当所有候选人正在检查工具时，巴顿会找个隐密的地方观察他们。

有的人会议论巴顿为什么要他们挖这么浅的战壕，六英寸深根本不够抵挡火炮；有的人会说这样的战壕太热或太冷；有的人会抱怨他们不该干挖战壕这种普通的体力劳动。

最后，通常会有个人对大家说："让我们赶快把战壕挖好离开这里吧——那个老家伙想用战壕干什么都没关系。"

巴顿会提拔最后那个试图完成任务的人。

完美的执行力,正是这种不找任何借口的人具备的,无论做什么事情,都谨记自己的责任,对自己的工作负责,不用任何借口来开脱或搪塞。

西点军校,全名美国陆军军官学校,世界知名。但你一定不知道,大批西点军校的毕业生,最后都在商界获得非凡的成就,比如可口可乐、通用、杜邦化工的总裁都曾是西点毕业生。二战之后,西点军校培养出了一千多名董事长、两千多名副董事长、五千多名总经理和董事,这些人都在世界五百强的企业任职。可以说,西点军校培养出来的优秀管理人才,超过任何一所商学院。

西点军校到底隐藏着怎样的秘密?毕业于西点军校的培训专家费拉尔阐述了其中的秘密:

没有任何借口!(No Excuse!)

这是西点军校两百年来奉行的最重要的行为准则,是西点军校传授给每个新生的第一个理念,它要求每一位学员想尽办法完成任何一项任务,而不为没有完成任务寻找借口,哪怕借口再正当合理。没有任何借口,体现的是一种执著的精神,一种完美的执行能力。正是由于秉持着这个重要的行为准则,西点学子在任何一个团队中,都具有强烈的责任心、荣誉感和团队精神,进而成为可承担重任的精英人士。

没有任何借口,看似冷漠严格,不近人情,却可以激发一个人最大的潜能。

再巧妙的借口,也改变不了失败的事实,借口却能麻醉我们接受一次又一次的挫折和失败。但是,借口只能让人能让人逃避一世。没有谁天生就能力非凡，失误并不可怕，最重要的是失败之后，以正确的态度正视现实，以积极的心态努力改进。

强大的执行者只问结果，不问方法，不听借口，他们会设法找出不能达成目标的原因，思考如何能在未来更成功。拒绝借口，应该成为所有追求卓越的人做事的信条，以此来培养不达目的誓不罢休的毅力。

陈述借口的时间和精力，请把它用到努力工作上，因为成功不属于那些不断陈述借口的人。

❖ "借口"是一种逃避的态度，而"理由"则意味着积极努力与行动宣告失败之后的无奈。承担失败的责任，分析如何才能做得更好，未来才有可能取得成功。

❖ 出现失误后及时道歉，承担所有的责任，才会赢得别人的信赖和尊重。

7

青蛙的攀登比赛
——一味逃避只能出局

没有任何人能代你走你该走的路,除非你死了。

——惠特曼,美国诗人

🌀 读故事

一群青蛙举行一场攀爬比赛,比赛的终点是一座高塔的塔尖。

哨声响起,比赛开始。

其实没有人相信青蛙们能爬到塔顶上,就连青蛙们自己都不信,周围的青蛙都在窃窃私语:"这对青蛙来说太难了! 它们肯定到不了塔尖!"

听到这些议论,一只一只的青蛙开始泄气了,只剩下少数几只青蛙还在往上爬。

塔下的青蛙们继续喊着:"小心啊! 掉下来会摔死的!"

这句话把还在攀爬的青蛙们吓坏了,纷纷退出比赛。只剩下最后一只,它越攀越高,完全没有放弃的意思,用了好久的时间,费了很大的劲,成为唯一到达塔顶的胜利者。

所有的青蛙都敬佩不已，它们吵吵闹闹地围住胜利者，想知道它是怎么成功的。

然后它们发现，胜利的青蛙是个聋子。

每个人都会遇到这样的问题：到底是任务不可能完成，还是我们没有找到解决方法？或者是我们畏惧困难，压根就没打算完成它？

想要完成任务，必须承担辛劳、繁琐、苦痛，或者付出各种代价，但大多数人总是抱着"只要拖得够久，问题就会自动消失"的幻想。

生活中，人人都会遇到困难，该迎难而上还是一味逃避，取决于一个人的心态。畏惧困难的人通常缺乏自信心，在挑战面前总是一次又一次挑选容易走的路，结果陷入失败的深渊。

规避危险的敌人是生物的本能，所以逃避挑战，成了人类的本能之一。确实，作为生存的手段，逃避很有效，但是在人生中，一直回避挑战，就要承受被淘汰出局的威胁，消耗的能量并不比正面应战来得少。

世界上没有不可能完成的任务，这是一种良好的应战心态，带着这样的心态迎接挑战，就能看到很多希望和新方向。

美国作家兼成功学大师拿破仑·希尔说："一个人能否成功，关键在于他的心态。"

成功与失败人士的差别在于，成功人士有积极的心态，而失败人士则用消极的心态去面对人生。

运用消极心态支配自己人生的人，倦怠、颓废，不敢也不愿解决人生的各种问题。

其实，能打败你的，只有你自己。无论条件如何恶劣，只要主动积极迎接挑战，发挥自己最大的潜能，就有可能到达成功的彼岸；反之，条件再优秀，机会再怎么千载难逢，心态不对，就像千军万马没有统帅一样，失败是必然的。

著名的管理学家彼得·德鲁克说："这个世纪，最重要的事情不是技术或网络的革新，而是人类生存状况的重大改变。在这个世纪里，人将拥有更多的选择，他们必须积极地管理自己。"

时代要求我们成为一个积极主动、充满热情、无所畏惧的人。说到底，如何看待人生，由你自己决定。